외롭게 장기투자를 이어가고 있을 모든 장기투자자와
사랑하는 가족에게 이 책을 바칩니다.

4000만 원으로 시작해 40억 만든
가치주 배당 혁명

가속화
장기투자 법칙

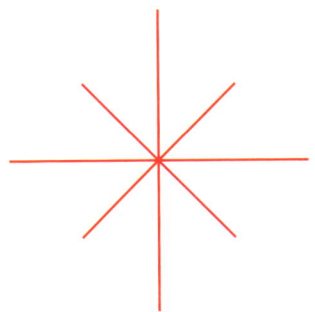

THE
ACCELERATED INVESTING
FORMULA

임인홍(오일전문가) 지음

머리말

"부는 시간과 함께 성장한다." 이 말은 제가 주식 장기투자를 이어가면서 깨달은 중요한 진리 중 하나입니다. 평범한 직장인으로 시작했지만, 저평가된 우량주에 대해 장기투자를 이어간 결과 40억 원이 넘는 주식 자산을 만들었고, 그 자산은 지금도 시간과 함께 계속 성장하고 있습니다. 그리고 앞으로도 이 성장은 계속될 것이라 확신합니다.

이 책은 저의 장기투자 기록이자 제 투자 철학을 담은 이야기입니다. 주식 장기투자라는 개념은 누구나 쉽게 이해할 수 있지만 실천하기는 매우 어렵습니다. 첫째, 주식 장기투자의 본질에 대한 이해가 부족하고, 둘째, 장기투자에 적합한 종목을 선정하는 방법을 모르기 때문입니다. 그래서 이 책을 썼습니다. 제가 실제로 경험하고 실천한 방법을 바탕으로 올바른 주식 장기투자에 대한 이해와 방법을 전달하고, 투자자들이 장기투자를 더 쉽게 이어갈 수 있도록 돕기 위한 책입니다.

많은 사람이 쉽고 빠르게 부자가 되길 원합니다. 저 역시 한때 단기투자 성과에 집착하며 여러 금융 파생상품 트레이딩에 빠졌던 적이 있습니다. 부자가 되는 지름길을 찾으려 했고 시장에 새로 소개되는 파생상품은 거의 다 시도해봤습니다. 운이 좋아서 돈을 번 적도 있지만 수많은 위기도 경험했습니다. 그러다 어느 날 문득 트레이딩은 지속 가능하지 않다는 사실을 깨달았습니다. 지금에야 돌이켜보면 자명한 사실이지만, 그 간단한 사실을 깨닫기까지 많은 시행착오를 겪어야 했습니다. 그동안 트레이딩을 통해 수익을 얻었고, 앞으로도 트레이딩을 통해 더 벌 수 있을지 모릅니다. 하지만 트레이딩을 계속 이어가다가는 모든 것이 결국 한 줌의 재로 변할 수도 있겠다는 확신이 강하게 들었습니다. 그렇게 단기투자의 한계를 깨닫고 서서히 장기투자자로 변해갔습니다. 이제는 저평가 우량주 장기투자야말로 가장 신뢰할 수 있는 투자 방법이라고 확신합니다.

주식투자에 대한 생각은 사람마다 다를 것입니다. 그래서 이 책이 모든 사람을 만족시킬 수는 없습니다. 다만 주식투자로 일확천금이 아닌 지속 가능한 자산 성장을 추구하는 분들에게 이 책은 실용적인 방향을 제시할 것입니다.

책은 총 7장으로 구성되어 있습니다.

1장은 제가 트레이더에서 장기투자자로 변화한 과정을 다루고,

2장은 왜 주식으로 부를 쌓아야 하는지 그리고 장기투자를 해야 하는 이유를 설명합니다.

3장과 4장은 주식투자에 대한 저의 다양한 생각을 담았습니다.

5장에서는 장기투자에 적합한 종목 선정 방법을 설명합니다. 종목 선정에 도움이 될 수치화된 평가표를 제시해 주식투자가 처음인 분도 쉽게 종목을 고를 수 있게 했습니다.

6장에서는 지난 10년 동안 제가 실제 투자한 주요 사례들을 공유하며, 마지막 7장에서는 장기투자를 이어가면서 경험한 현실적인 절세 노하우를 담았습니다.

이 책을 통해 많은 분이 올바른 주식 장기투자를 이어가길 바랍니다. 그래서 지속 가능한 투자로 부를 쌓고, 나아가 '코리아 디스카운트'가 '코리아 프리미엄'으로 바뀌길 희망합니다.

차례 contents

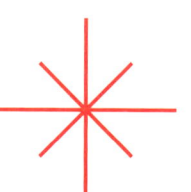

머리말   5

1장 10년 장기투자로 40억 원을 만들다

01_ 월급만으로는 부자가 될 수 없다   14
나 또한 평범한 직장인일 뿐이다   15
파생상품 트레이딩에 빠지다   18
결혼 그리고 대출   23

02_ 위기는 기회다   26
실패로부터 배우다   27
투자는 아는 것부터   32
가치투자는 자연스럽게 장기투자로 이어지고   38
코로나라는 소나기에 흠뻑 젖다   41
위기는 반복된다   46

03_ 나는 잃지 않는 투자를 이어가고 있다   49
황금알을 낳는 거위   50
시작은 미약했으나 끝은 창대하리라   53

2장 지속 성장이 가능한 투자

01_ 주식은 부를 쌓기 위한 가장 좋은 수단이다   60
    현금은 쓰레기다   61
    나는 부동산보다 주식이 좋다   69
    세계적인 자산가   75
    OECD 노인 빈곤율 세계 1위, 대한민국   82

02_ 단기투자는 장기투자를 이길 수 없다   88
    성공한 트레이더의 결말   89
    주식투자 대가들의 공통점   93
    장기투자 역시 쉽지만은 않다   98
    개인에게 유리한 장기투자   103
    누구나 부자가 될 수는 있지만 누구나 부자로 남을 수는 없다   107

3장 평생 하는 투자

01_ 평생 투자자   112
    투자 안전마진   113
    배당이라고 다 같은 배당이 아니다   120
    지속 가능한 것에 투자하라   127
    지수 추종 ETF 투자   132
    리츠 ETF 투자   137

02_ 국내 주식 vs. 미국 주식   142
    우리나라 증시가 상승하지 못하는 이유   143
    주식의 본질은 같다   149

4장 흔들리지 않는 투자

01_ 군중심리에 휩쓸리지 말자 … 156
- 테슬라라는 허상 … 157
- 성장주라고 꼭 성공을 보장하는 것은 아니다 … 166
- 가치주라고 성장을 못 하리라는 법은 없다 … 171

02_ 흔들리지 않는 투자 … 176
- 나의 투자 철학 … 177
- 사명감 있는 투자 … 182
- 뜨겁게 사랑하고 차갑게 헤어져라 … 185

5장 종목 선정 기준

- 저평가 우량주 … 191
- 주주환원 … 198
- 미래 성장 잠재력 … 203
- 종목 선정 점수표 … 209

6장 나의 투자 이야기

- 현재 주식 자산 포트폴리오 … 223
- 투자 사례 01: S-OIL (2014-2018) … 227
- 투자 사례 02: 하나금융지주 (2019-현재) … 229

투자 사례 03: 한국타이어앤테크놀로지 (2019-2024) **233**
투자 사례 04: POSCO홀딩스 (2019-2023) **236**
투자 사례 05: 현대차 (2020-2021) **239**
투자 사례 06: 대한유화 (2020-2021) **242**
투자 사례 07: 롯데케미칼 (2020-2022) **244**
투자 사례 08: 엑슨모빌 (2020-현재) **247**
투자 사례 09: 삼성생명 (2020-2024) **251**
투자 사례 10: 메리츠금융지주 (2020-2021) **253**
투자 사례 11: 금호석유 및 금호석유우 (2021-현재) **256**
투자 사례 12: AT&T (2021-현재) **259**
투자 사례 13: 페트로브라스 우선주 (2022-현재) **263**
투자 사례 14: 우리금융지주 (2023-현재) **266**
투자 사례 15: 현대차2우B (2024-현재) **269**

7장 장기투자자를 위한 현실적인 절세 노하우

종합소득세를 두려워하지 말자 **275**
주식을 가족에게 증여하는 방법 (국세청 신고) **282**
외국 납부 세액 공제를 잊지 말자 **289**
배당소득과 건강보험료 **293**
ISA를 꼭 만들자 **296**

감사의 글 **300**
주 **302**

THE ACCELERATED INVESTING FORMULA

1장

10년 장기투자로
40억 원을 만들다

01
월급만으로는 부자가 될 수 없다

전 세계 수많은 근로자가 고용주를 위해 일하고 그 대가로 월급을 받는다. 월급을 차곡차곡 모으다 보면 언젠가 부자가 되리라는 희망을 품고 열심히 일한다. 하지만 그런 희망과 달리 대다수 사람은 월급만 모아서 절대 부자가 될 수 없다. 월급은 투자를 위한 종잣돈과 생활비를 확보하기 위한 수단일 뿐, 부자가 되기 위한 수단은 아니다.

나 또한 평범한 직장인일 뿐이다

 이제 결혼 13년 차가 되었고, 부부끼리 서로 모를 일이 없을 만도 한데 나에게는 여전히 대충 얼버무리는 과거가 있다. 대학에 입학한 1999년과 입사를 한 2006년 사이에 있었던 우리 가족 이야기다.

 아버지는 해외 주재원 생활을 꽤 오래 하셨고 그 덕에 우리 가족은 많이 부유하지는 않아도 부족함 없이 잘살았다. 내가 대학에 입학한 1999년쯤 아버지는 국내로 복귀 발령을 받았고 얼마 지나지 않아 회사를 그만두셨다. 아버지는 꽤 오랜 기간 주식투자를 하셨고 그동안 벌이도 괜찮았기에 이 정도면 앞으로 생활하는 데 큰 불편은 없겠다는 생각으로 그만두신 것으로 안다.

 하지만 퇴사하고 전업투자를 시작하면서 가세는 서서히 기울었다.

매매 성과에 따라 아버지의 기분은 극에서 극으로 바뀌었다. 어느 날은 기분이 아주 좋아 보였고 또 어떤 날은 매우 침울해 보였다. 하지만 시간이 지날수록 아버지의 표정이 어두워지는 날이 늘었다. 초반에는 주식 매매만 하셨는데 투자금이 적어지다 보니 결국 적은 돈으로 큰 수익을 노릴 수 있는 선물과 옵션 같은 파생상품에 집중하셨다. 하루는 아버지께서 밖에서 차 한잔하자고 하셨다.

아버지: 오늘 아빠가 3,000만 원을 벌었다.
나: 하루에요?
아버지: 그래. 이제 앞으로 이런 식으로 계속 벌면 괜찮아질 것 같다.
나: 정말 그러면 좋겠네요.

하지만 나를 포함한 가족 모두 이미 아버지의 변덕스러운 기분에 지친 상태였고, 아버지에 대한 신뢰 역시 전혀 없었다. 며칠 후 아버지의 표정은 늘 그랬던 것처럼 다시 침울해졌다. 아버지의 음주는 늘어갔고, 결국 우리 가족은 해체되었다. 나는 앞으로 어떻게 살아가야 할지 막막했다.

군 복무를 마치고 복학하면서 진로를 고민했다. 결론은 돈의 흐름을 따르자는 것이었다. 대학원 진학이나 유학에 뜻이 있었지만, 학업을 이어간다 해도 어차피 돈을 벌기 위해 직업을 찾아야 했다. 그렇다면 대학을 마치고 바로 취업하자는 마음을 먹게 되었다.

대학 4학년 1학기의 어느 날, 캠퍼스에 여러 기업 관계자가 부스를 차리고 졸업 예정 학생들을 대상으로 취업 설명회를 열었다. 기계항공 전공자였던 나는 졸업 후 현대차나 대한항공 또는 삼성테크윈(현 한화에어로스페이스)에 취업할 생각을 하고 있었는데, S-OIL 관계자의 설명을 듣고 바로 생각을 바꿨다. 정유사인 S-OIL은 내가 희망했던 기업들보다 연봉이 높았고, 지금 산학 장학생에 지원해 선발되면 졸업 때까지 학비와 함께 매달 용돈도 지원한다는 것이었다.

그렇게 나는 생각지도 못한 정유사 산학 장학생에 지원했고 운 좋게도 선발되었다. 그리고 졸업과 동시에 자연스럽게 S-OIL의 엔지니어로 입사했다.

1,743,600원. 내가 입사한 2006년 1월 S-OIL의 대졸 신입 사원의 기본급이다. 기본 연봉은 기본급 20개, 즉 연봉 약 3,487만 원이었고 이와 별도로 매년 기업 성과에 따라 1년에 한두 번 보너스가 지급되었다. 적지 않은 금액을 받았고 매년 연봉이 조금씩 상승했다. 하지만 생각만큼 돈이 잘 모이지 않았다. 각종 세금과 건강보험료, 국민연금을 다 공제하고 받은 세후 금액은 세전 금액과 꽤 차이가 났다. 연봉이 상승할수록 세금과 각종 공제금이 차지하는 비율은 더 높아지기만 했다.

부모님의 지원 같은 건 요원하고 이렇게 모아 어느 세월에 집을 마련하고 어느 세월에 결혼할 수 있을까 하는 새로운 고민이 깊어졌다.

파생상품 트레이딩에 빠지다

 사실 나는 주식투자를 아주 일찍 시작했다. 주식투자를 하셨던 아버지의 영향 때문이었을 것이다. 대학 입학 전인 1998년 겨울에 주식투자를 해보겠다고 아버지께 100만 원을 부탁해 받았다. 현대증권(현 KB증권)에 계좌를 만들고 주식투자를 시작했다. 처음 산 종목은 현대전자(현 SK하이닉스)였다. 정말 아무것도 모르는 상태에서 투자를 시작했다. 당연히 재무제표를 볼 줄 몰랐고 투자 기준도 없었다. 미국계 한국인 방송인 로버트 할리가 나오는 걸리버 휴대전화 광고가 재미있어서 현대전자 주식을 샀다. 지금 생각해보면 터무니없는 이유지만 정말 그랬다.

 현대전자는 내가 주식을 매수한 이후 등락을 반복하다가 2000년에 완전히 폭락했다. 그렇게 나의 첫 투자는 완전한 실패로 끝났다. 정확한 수익률은 기억나지 않지만 대략 마이너스 90% 이상의 손해를 봤다. 그나마 투자금이 크지 않아서 다행이었다.

대학생인 나는 여러 과외를 하고 있었고 많지는 않아도 수입이 있었다. 그것으로 이런저런 주식을 매매했지만, 투자금 자체가 소액이어서 의미 있는 성과는 없었다. 버는 날도 있었고 잃는 날도 있었다. 그때는 주로 기업의 내용보다는 차트 모양을 보고 종목을 선정했다. 계속 우상향할 것 같은 종목이나 옆으로 기고 있어도 왠지 곧 상승 전환할 것 같은 종목들이었다.

군 제대 후 학업과 투자를 병행하던 2005년, 우연히 주식 워런트 증권ELW, Equity Linked Warrant이라는 새로운 상품을 알게 되었다. 적은 돈으로 큰 수익을 낼 수 있는 파생상품의 한 종류였다. 쉽게 얘기하면 주요 주식 종목이 정해진 기간 안에 정해진 행사 가격 대비 상승할지 하락할지 맞히면 되는 상품이었다. 운이 좋았다. ELW 매매를 통해 수백만 원의 수익금을 챙길 수 있었지만 얼마 안 지나 ELW 매매를 중단했다. 기초자산이 상승하거나 하락하면 유동성 공급자LP, Liquidity Provider 역할을 맡은 증권사가 이론 가격에 가까운 호가를 제시해야 하는데 상품 출시 초반과 달리 시간이 지날수록 불공정한 호가를 제시하는 경우가 많아졌기 때문이다.[1] 그런 불공정한 호가 제시로 수익 일부를 잃을 수밖에 없었다. 불공정한 거래라고 판단이 선 이상 거래를 이어갈 이유가 전혀 없었다.

2006년 입사 후에는 월급이라는 보다 큰 현금 흐름이 생겼고 이에 맞춰 투자를 다변화했다. 우선 소위 '장마'로 알려진 장기주택마련저축이라는 상품에 가입했다. 비록 장기간 돈이 묶이긴 하나 연말정산 소득공제도 되고 이자소득세 비과세도 되기에 안 들 이유가 없었다. 분기별 300만 원 한도가 정해져 있어 남은 금액으로 적금과 펀드에 들었다. 당시 신입 사원치고 적지 않은 연봉을 받았지만, 이렇게 자잘한 금융상품과 월급만 모아서 부자가 될 수 없는 것은 시간이 흐를수록 명확해 보였다. 부자가 되기 위해서는 보다 큰 규모의 투자, 예를 들어 부동산 같은 큰 투자가 선택이 아닌 필수로 보였다. 하지만 부동산에 투자하기에는 나의 자산이 너무 적었다. 적당한 변동성이 있으면서 이미 투자 경험이 있던 주식 단기 매매를, 대학생 때보다 규모를 키워 다시 해보기로 했다.

　하지만 얼마 안 가 포기할 수밖에 없었다. 하루에 몇 시간 안 되는 학업 시간을 제외하면 언제든 주가 호가창을 자유롭게 보며 매매할 수 있던 대학생 때와 달리 직장인이 근무 시간에 단기 매매를 하기란 아주 어려웠다. 호가창을 쳐다보는 것도 매매하는 것도 눈치가 보였다. 무엇보다 업무에 집중할 수 없었다. 근무 시간 중에만 가능한 주식 매매 대신 퇴근 후 트레이딩할 수 있는 상품이 있는지 알아보았다. 정확히 말하면 어느 날 우연히 키움증권 HTS Home Trading System 팝업창 광고를 보고 알게 된 FX Foreign Exchange 마진[1]이라는 외환 파생상품이 나를 기다리고 있었다.

1　FX 마진거래: '기준통화/상대통화'를 한 쌍으로 두 나라의 통화를 동시에 사고팔아 환차익을 추구하는 외환차익 거래. 기본적으로 10배의 레버리지를 사용한다(10% 증거금 / 2024년 현재 기준).

FX마진은 나에게 신세계였다. 미국 달러, 영국 파운드화, 유럽 유로화, 일본 엔화 등 세계 주요국의 외환을 대상으로 하루 23시간 거래할 수 있었다. 아시아 외환시장이 마감되면 유럽 외환시장이 개장하고 그 후에 미국 외환시장이 열리면서 거의 늘 장이 열렸다. 말 그대로 하루 종일 트레이딩할 수 있는 신세계였고 퇴근 후 거래하기에는 최적의 상품이었다. 그뿐만이 아니었다. 주식은 매수 후 주가가 올라가면 매도라는 한 가지 매매 방법밖에 없는 반면 FX마진은 매수 후 매도 또는 매도 후 매수라는 양방향 매매가 가능했다.

FX마진 거래를 시작한 2010년 하반기 엔화 환율은 달러당 약 81엔이었다. 엔화 약세와 강세 포지션을 번갈아가며 감각으로 베팅했더니 너무나 쉽게 돈을 벌었다. 수익은 차곡차곡 쌓여갔다. 이렇게 돈을 벌기 쉬운데 왜 이제야 이 상품을 알게 됐는지 후회가 될 정도였다.

하지만 착각이었다. 2011년 3월 11일, 결국 일이 터졌다. 그전까지 수익은 차곡차곡 쌓였고 자신감은 넘쳤다. 더 많이 벌기 위해 나는 엔화 약세에 베팅하는 USD/JPY 매수 포지션 계약 수를 늘린 상황이었다. 3월 11일 동일본 대지진이 발생했다.[2] 엔화 가치는 더 하락할 것이라는 예상과 달리 오히려 급등을 이어갔다.

동일본 대지진이 있고 6일이 지난 3월 17일, 외환시장 개장과 동시에 엔화 가치는 갭Gap 상승[2]하며 달러당 77.11엔이라는 최고치를 찍었다. FX마진은 레버리지가 높은 상품이다. 개장과 동시에 엔화 가치가

---

2 전일 종가보다 비교적 높은 가격으로 시가가 시작되는 경우.

| 그림 1_ USD/JPY 차트 |

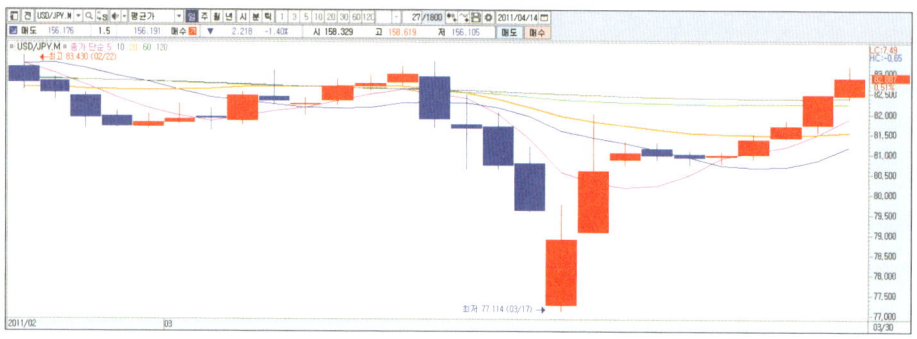

급등하자 내가 보유하고 있던 포지션은 증권사에 의해 강제 청산되었다.[3]

그동안 많은 시간을 투자하고 노력하고 열심히 차곡차곡 모아온 몇천만 원이라는 돈이 그렇게 짧은 시간 안에 사라진다는 게 믿기지 않았다. 계속된 높은 승률로 오만해졌던 나는 욕심을 부려 계약 수를 늘린 상태였다. 하지만 아무도 예상할 수 없던 동일본 대지진이라는 자연재해가 발생했고, 예상과 달리 엔화에 가치 하락이 아닌 급등으로 시장이 반응했다. 그럼으로써 나의 모든 노력은 물거품이 되었다.

머릿속이 하얘졌다. 하지만 포기할 수 없었다. 어차피 파생상품은 제로섬게임 아닌가. 누군가에게 손실이 나면 정확히 그만큼 다른 누군가에게 이익이 생기는 전쟁터다. 그러니 이번에는 잃었지만 다음에는 꼭 이길 것이라 다짐했다. 그렇게 나는 파생상품 세계에 빠져버렸다.

---

3 고객이 보유한 포지션의 손실률이 80~90%에 도달하면 증권사는 고객의 포지션을 강제로 청산하여 손실을 확정한다. 매수 포지션은 매도로 청산되며 매도 포지션은 매수로 청산된다.

결혼 그리고 대출

동일본 대지진이라는 자연재해에서 나는 한 가지를 확실히 배웠다. 파생상품 트레이딩에 아무리 확신이 있더라도, 아무리 과거 승률이 높더라도 자만하면 안 된다는 것이었다. 이익이 쌓여 투자금이 커지더라도 그 금액 전부를 한 번에 베팅하는 건 정말 무모하면서도 멍청한 행동이었다. 욕심에 눈이 먼 나는 그렇게 했고 그 결과 수개월 동안 열심히 쌓아온 수익금을 한 번에 모두 잃었다.

이번에는 전략을 바꿨다. 트레이딩으로 이익이 나면 그 이익은 바로 출금하는 전략이다. 즉 트레이딩 규모를 일정하게 제한하고 이익은 계속 출금하여 누적하는 방식이다. 한 번의 트레이딩이 실패하더라도 누적된 이익은 지킬 수 있는 그럴싸한 계획이었다. 하지만 이때까지 나는 전설적인 복싱 선수 마이크 타이슨의 명언을 몰랐다. "누구나 그럴싸한 계획은 가지고 있다. 처맞기 전까지는."

2011년 3월 17일 강제 청산되기 전까지 트레이딩에서 수천만 원의 이익을 낸 경험이 있다 보니 이번 계획은 분명 성공할 것으로 생각했다. 하지만 이상하리만큼 손실만 누적되었다. 출금할 이익이 없었다. 하루가 멀다 하고 마진콜[4]이 발생했고 증권사에 계속 돈만 입금하는 상황이 이어졌다.

지금에야 다 지나간 일이라 아무렇지 않게 이야기하고 있지만 당시에는 정말 괴로운 나날의 연속이었다. 주식과 파생상품으로 실패한 아버지의 심정이 어느 정도 이해되었고, 나 역시 결국 별다르지 않은 길을 걷고 있다는 생각에 괴로웠다.

하지만 정말 다행히도 어느 정도 시간이 지나자, USD/JPY 흐름과 패턴에 익숙해졌고 손실금은 조금씩 복구되었다. 잃고 벌고의 연속이었지만 잃는 돈보다 버는 돈이 조금 더 컸기에 손실금은 복구되었고 이익은 다시 조금씩 누적되어갔다.

시간이 흘러 2012년 6월이 되었고 나는 지금의 배우자를 만나 결혼했다. 그동안 사택에서 혼자 살았지만 이제 결혼을 위해 주택을 구매할 필요가 생겼다. 예비 아내와 상의한 끝에 울산의 아파트를 3.3억 원에 사기로 했다. 그러나 입사 7년 차가 되었음에도 나에게 그 정도 돈은 없었다. 파생 거래 계좌에 있는 돈을 포함해 모든 자산을 합쳐보

---

[4] 투자 손실로 인해 발생하는 추가증거금 요구. 추가증거금을 정해진 시간 안에, 증권사에 납부하지 못하면 보유하고 있던 포지션은 강제 청산된다.

니 약 2.9억 원이었다. 아내의 자산을 합해도 취득·등록세와 각종 부대 비용 그리고 결혼 비용까지 고려하니 아파트 담보 대출을 받는 수밖에 없었다.

그렇게 우리 부부의 모든 자산은 부동산에 묶였고, 나는 파생상품 트레이딩을 접을 수밖에 없었다.

02
위기는 기회다

자연은 사이클을 이룬다. 봄, 여름, 가을, 겨울 그리고 다시 봄이 온다. 죽음 뒤에는 새로운 생명이 뒤따라온다. 가시광선과 라디오파를 포함한 모든 전자기파의 골 뒤에는 마루가 온다. 그리고 위기 뒤에는 반드시 기회가 온다.

실패로부터
배우다

　2012년 6월 결혼 후 몇 개월이 지나자, 아내가 다니는 회사에 희망퇴직이라는 기회가 생겼다. 어차피 아이를 낳으면 아내는 일을 그만둘 생각이었는데, 추가 퇴직금까지 받고 퇴직할 기회가 생겼으니 우리 부부에게는 기회였다. 그렇게 아내는 일을 그만두었고 퇴직금의 일부로 남아 있던 아파트 담보 대출금을 모두 상환했다.

　상환 후 현금 자산이 쌓이자 파생상품 트레이딩을 다시 시작했다. 이번에는 FX마진이 아닌 해외 선물이라는 새로운 파생상품에 도전하기로 했다. 해외 선물로 전환한 데는 FX마진의 증거금[5]이 두 배로 증가한 이유가 있었다. 2010년 FX마진을 처음 시작했을 때 한 계약에 필요한 증거금은 5,000달러였지만, 그 사이 두 배인 한 계약당 10,000달러로 증가했다. 그 결과 원래 20배였던 레버리지 비율은 10배로 감소했다. 투자 대비 기회 이익이 반으로 감소한 셈이었다.

반으로 감소한 10배 레버리지라 해도 10,000달러의 증거금으로 100,000달러만큼의 외환을 사거나 팔 수 있으니 여전히 매우 큰 비율이라고 생각할 수 있다. 하지만 외환시장에 특별한 일이 없다면, 예를 들어 동일본 대지진 같은 자연재해나 주요 국가의 모라토리움 같은 큰 국제적 이벤트가 없다면 환율은 평상시 1~2% 수준에서 움직이는 경우가 많다. 따라서 FX마진은 매일같이 극한의 변동성이 발생하는 상품은 아니다. 더군다나 증거금이 두 배로 증가했으니 FX마진은 파생상품 중 상대적으로 저위험에 속하는 상품이 되었다.

해외 선물은 FX마진보다 훨씬 낮은 증거금으로 신규 계약 진입이 가능했다. 증거금은 기초자산 가격에 따라 매주 변동하기는 하지만, 대체로 5,000달러 이하에서 웬만한 상품은 모두 거래 가능했다. 기초자산도 S&P500 지수[6], 원유, 천연가스, 금속, 축산물, 농산물 등 매우 다양하므로 더 많은 기회가 존재했다. 내가 할 일이라고는 여느 파생상품과 마찬가지로 기초자산이 상승할지 하락할지 방향만 맞히면 되었다.

여러 해외 선물 상품 중 나는 증거금이 상대적으로 낮으면서 변동성이 크고 거래량이 많은 원유(Crude Oil)를 대상으로 트레이딩을 시작했다. 거래량이 너무 적으면 일부 세력이 선물 가격을 인위적으로

---

5 파생 거래를 하기 위해서는 계좌에 최소 증거금 이상이 있어야 한다. 증거금은 상품별로 상이하다.
6 S&P500은 미국 신용평가사 S&P Global이 미국에 상장된 시가총액 상위 500개 기업의 주식들을 지수로 묶어 주기적으로 수정하고 발표하는 미국의 3대 증권 시장 지수 중 하나이다.

조작할 수 있기 때문에 이런 면에서 거래량이 클수록 안전했다.

　선물 계약은 항상 어느 정도 큰 폭의 하락이 있을 때 포지션을 잡고 진입했다. 만족스러운 큰 하락이 발생하면 한 계약을 신규로 매수해 진입했다. 다행히 반등이 있으면 이익을 실현했다. 예상과 달리 하락이 이어지면 적절한 타이밍에 한두 계약을 추가해 평균 매수 진입 가격을 낮추고 반등 시 이익을 실현했다. 총 세 계약까지 추가했음에도 선물 만기일까지 마이너스 평가익 상태를 유지하면 더 이상 추가 진입 없이 손실을 확정했다. 물론 이 방법을 칼같이 지킨 것은 아니고 상황에 따라 유연하게 대응했다. 다행히 운 좋게도 성과는 괜찮았다. 여전히 벌고 잃고의 반복이었지만 이익은 누적되기 시작했다.

　당시 S&P500 지수는 2007년 전고점을 뚫고 계속 상승하는 중이었다. 하지만 왠지 다시 한번 크게 하락할 것 같았다. 2008년 세계금융위기 후 몇 년간 계속 상승했으니 한 번 크게 하락할 것 같았다. 주식에는 쌍봉 패턴이라는 것이 있다. 차트가 전고점에 도달하면 하락으로 전환되는 주식 패턴을 많이 봐와서 그랬을까. 왠지 지수가 크게 하락할 것 같은 느낌이 강하게 왔다. 다른 근거는 없었다. 느낌뿐이었다.

　무모하게도 나는 그렇게 S&P500 지수 매도 포지션 한 계약을 체결했다. 하지만 지수는 야금야금 상승했다. 마진콜 때문에 돈을 증권사에 계속 납입했다. 평가 손실은 시간이 흐를수록 커져갔다. 이번에 또 크게 졌다고 빨리 인정하고 매도 포지션을 일찍 청산했다면 그나마 적은 손실로 끝났을 텐데 그러지 못했다. 조금만 더 버티면 지수가 크게 하락할 것 같았고, 평가 손실 복구는 물론 큰 이익까지 챙길 수 있

| 그림 2_ S&P500 월봉 차트 (2004-2013) |

으리라는 헛된 희망 때문이었다. 평가 손실이 커질수록 헛된 희망도 같이 커져만 갔다.

그렇게 몇 개월이라는 긴 시간을 무식하게 버텼고, 결국 그동안 쌓아온 이익금 중 상당 부분을 잃었다. 결국 다시 원점으로 돌아왔다. 이번 실패를 통해 배운 것이 있었다. 증시 지수를 상대로 장기간 숏Short[7] 포지션을 취한다면 그것은 자살 행위라는 점이다. 돌이켜보면 그나마 자산이 본격적으로 커지기 전에 일찍 알았다는 것이 다행이었다.

시장 참여자들의 불안정한 심리가 투영된 선물 시장에는 이성과 논리가 통하지 않는다. 같거나 비슷한 사건이 발생해도 시장은 매번 다르게 반응한다. 과학에서 말하는 재현성은 선물 시장에 존재하지 않는

---

7 매도 포지션, 즉 하락에 베팅하는 포지션.

| 그림 3_ S&P500 월봉 차트 (2004-2024) |

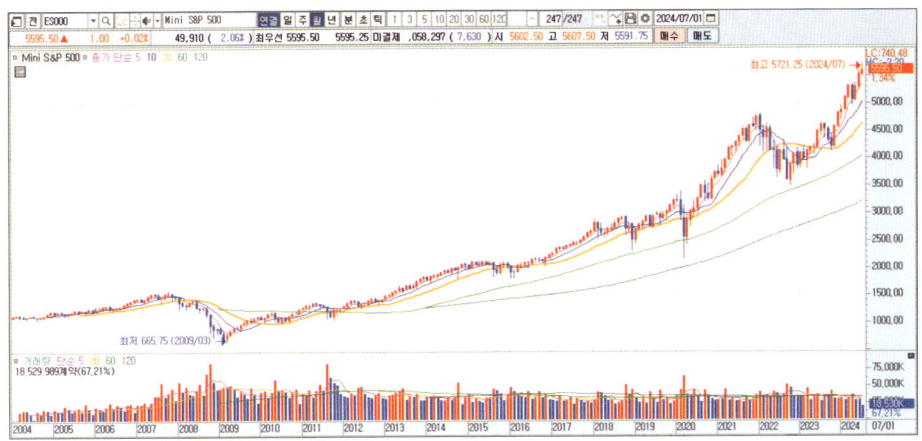

다. 원인이 같더라도 결과는 매번 다른 것이 선물 시장이다. 그렇기에 트레이딩은 성공과 실패의 반복이다. 이에 더해 예상을 훨씬 뛰어넘는 큰 변동성이 한 번 발생하면 오랫동안 쌓아온 이익을 잃을 수 있다.

그래도 제로섬게임이니 누군가는 계속 벌지 않을까? 그렇게 생각할 수 있다. 하지만 걸리는 시간이 문제일 뿐 결국 모두 0으로 수렴된다. 카지노에서 최종적으로 돈을 버는 주체는 게임을 주최한 카지노뿐이다. 마찬가지로 파생상품 트레이딩에서 최종적으로 돈을 버는 주체는 브로커리지[8] 업무를 통해 수수료를 버는 증권사뿐이다.

그렇게 나는 트레이딩이 장기적으로 지속 가능한 투자가 아니라는 결론을 내렸다. 그리고 다른 투자로 눈을 돌렸다.

---

8 주식, 채권, 파생 상품 등의 매매가 이루어지도록 하는 모든 행위.

투자는
아는
것부터

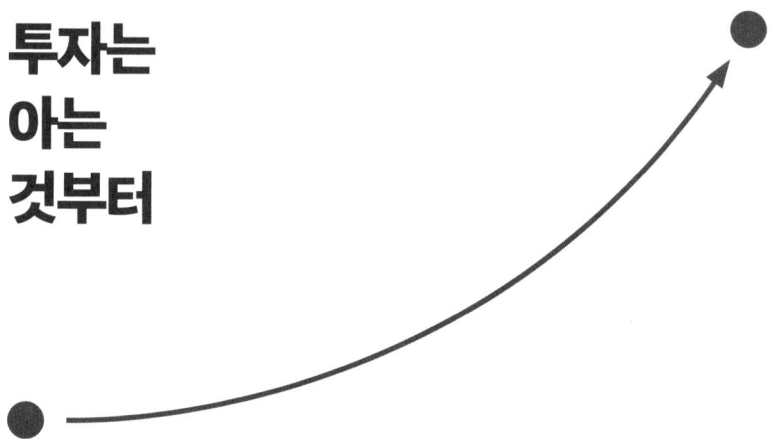

2011년 2월의 어느 날 울산 남구 삼산동에 있는 한 카페에서 지금의 아내를 처음 만났다. 서먹한 분위기를 깨기 위해 나는 이렇게 물어봤다.

나: 혹시 K 씨는 원유로 뭘 만들 수 있는지 아시나요?
K: 자동차 연료요?
나: 자동차 연료로 많이 사용되기도 하고, 사실 우리의 실생활 거의 모든 것에 사용되고 있어요. 합성고무로 자동차 타이어를 만들 수 있고 운동화 밑창도 만들 수 있어요. 지금 K 씨가 입고 있는 옷에도 폴리에스터 섬유가 사용됐다면 그것도 원유로 만든 거예요.

K: 아 네…….

나: 지금 우리 테이블에 있는 종이컵에도 원유가 사용됐는데 맞혀 보시겠어요?

K: 글쎄요. 잘 모르겠어요.

나: 종이컵 안에 방수를 위한 폴리에틸렌 필름이 발라져 있거든요. 그게 없으면 종이컵이 눅눅해지고 결국 커피가 새요.

K: 아 네…….

잘 모르는 새로운 사실을 알려주면 신기해할 것으로 생각했지만 반응은 시큰둥했다. 결혼하고 물어보니 소개팅에서 처음 받아본 질문이라 당황했다고 한다.

정유사 엔지니어로 재직하면서 여러 공정에 대한 지식을 배우고 많은 경험을 쌓았지만, 이런 기술적 내용 외 크게 깨달은 게 있다면 원유가 우리 생활에 얼마나 깊숙이 들어와 있는지였다. 막연히 '원유는 중요해' 수준이 아니다. 원유가 부족하면 전 세계 경제와 우리 일상은 거의 즉시 마비될 만큼 중요하다. 또한 우리나라가 공격받아 전쟁을 수행해야 하는 상황이 온다면, 이때 가장 중요한 군수물자 중 하나가 원유다. 그래서 대부분 나라가 전략비축유의 양을 미리 정하고 항상 이를 유지관리하고 있다. 우리나라 또한 전국 곳곳에 전략비축유 기지가 있으며 모두 보안 시설로 관리되고 있다.

미국 셰일 오일의 갑작스러운 생산 증가로 2014년에 원유 가격[9]은 폭락 중이었다. 그냥 일상적인 하락 수준이 아니라 2008년 경제 위기

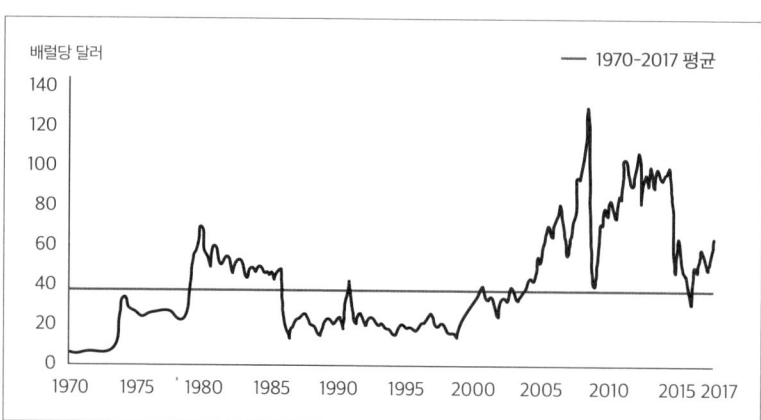

| 그림 4_ 1970-2017 원유 가격 추이 (출처: World Bank) |

때만큼이나 가파른 하락이었다.

유가 하락은 2014년 중반부터 시작해 2016년 2월까지 이어졌다. 2016년 2월에 기록한 유가 최저점은 배럴당 26달러였다. 2014년 고점인 배럴당 107달러에 비해 무려 75.7% 하락이었다. 이는 제2차 세계대전 후 세 번째로 큰 하락이었다.[3]

하여튼 유가 폭락의 영향으로 국내 정유사의 주가 또한 장기 하락을 이어가고 있었다. 내가 재직하던 S-OIL은 창립 이후 첫 연간 적자가 예상된다는 기사가 나왔다.

원유의 장기 하락 추세로 모두가 원유의 미래를 비관적으로 볼 때 나는 기회라고 생각했다. 앞서 말했듯이 원유는 단순히 자동차 연료로

---

9 이하 모두 WTI 가격 기준.

| 그림 5_ 원유 주봉 차트 (2012-2014) |

| 그림 6_ S-OIL 주봉 차트 (2010-2014) |

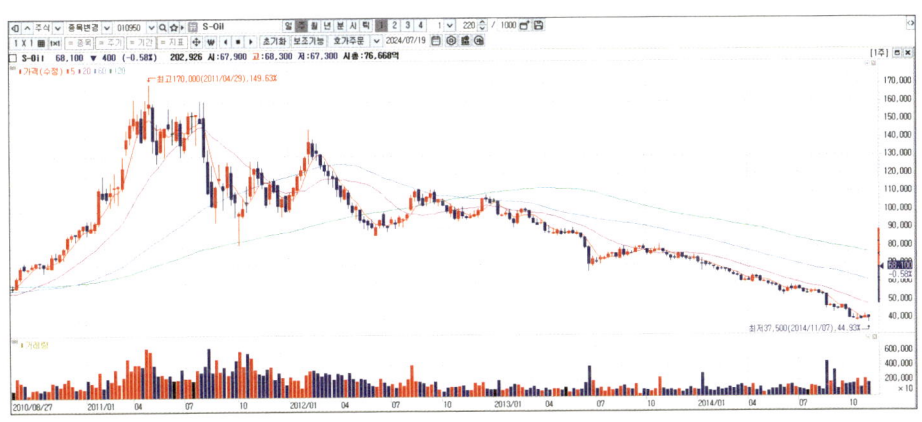

만 사용되지 않고 우리 생활에 필요한 다양한 필수품의 기초 원료[10]이기 때문에 계속 하락할 수는 없다고 생각했다. 또한 원유 가격 폭락의

1차 원인인 셰일 오일 기업의 (당시) 생산 단가는 기존 원유 채굴 방식보다 월등히 높아 셰일 오일 생산량 유지는 어렵다고 판단했다. 즉 시간이 지나면 원유 공급량은 자연스럽게 줄어들 것으로 생각했다.

따라서 분명 어느 시점에서 원유 가격은 반등할 것으로 판단했다. 이렇게 심한 폭락은 상당 부분 시장이 과민 반응한 결과라고 생각했다. S-OIL의 주가는 2012년부터 2014년까지 계속 하락했지만, 원유 가격과 마찬가지로 어느 시점에 분명 반등할 것으로 판단했다. 회사는 1980년 원유정제 시설을 처음 가동한 이후 단 한 번도 연간 적자를 기록한 적이 없었다. 34년 만의 첫 적자는 34년 만에 온 기회라고 판단했다.

나는 가용할 수 있는 모든 자금으로 S-OIL 주식을 사 모았다. 주가는 하락을 이어갔지만, 월급이 들어오면 생활비를 제외한 모든 자금으로 주식을 샀다. 하지만 충분치 않았다. 5,000만 원이 채 안 되었다. 우리 부부의 자산 대부분이 실거주 중인 아파트에 묶여 있었다.

다시는 이런 기회가 없을 수도 있겠다 싶은 나는 아내와 상의한 후 아파트 담보 대출을 받기로 했다. 다행히 아내는 나의 설명을 듣고 지지해줬다. 당시 시장 금리가 낮아 대출 받기에도 최적이었다. 고정금리 대출[11]을 받으면 오랫동안 월급으로 이자를 감당할 수 있겠다는 판

---

10 원유는 단순히 교통수단의 연료뿐만 아니라 우리가 실생활에 사용하는 수많은 제품의 기초 원료로 사용된다. 타이어 생산에 필요한 SBR 합성 고무, 옷 원단 생산에 필요한 폴리에스터 합성 섬유, 자동차 내장재로 주로 사용되는 인조가죽 생산에 필요한 폴리우레탄, 그 외에도 폴리에틸렌, 폴리프로필렌, 스티로폼, PET, PVC, ABS 등 수많은 용도의 플라스틱이 모두 원유를 정제/가공하여 생산된다. 도로포장에 필요한 아스팔트 역시 원유로부터 나온다. 기계 가동에 필요한 윤활유 역시 원유로부터 나온다.

단으로 아파트 담보 대출 2억 원을 3.35% 금리에 실행했다. 그 돈을 모두 S-OIL 주식을 분할 매수하는 데 사용했다.

---

11   정확히는 고정혼합 상품이었다. 5년간 금리 고정이고 이후 변동이다.

가치투자는 자연스럽게 장기투자로 이어지고

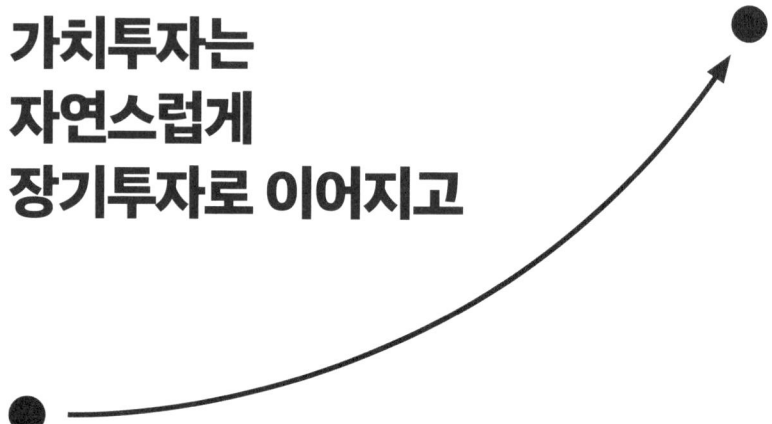

운이 좋았다. 예상한 대로 정제마진[12]은 개선되기 시작했고 S-OIL 주가는 상승했다. 주가가 어느 정도 상승했으니 주식을 팔고 대출금 일시 상환도 고려했지만 대출 원리금 상환 계획에 따라 매월 조금씩 상환했을 뿐 주식을 팔지는 않았다. 오히려 생활비를 사용하고 남은 자금으로 S-OIL 주식을 계속 더 사 모았다.

S-OIL의 개선된 경영 성과로 주당 배당금도 급격히 상승했다. 회사 창립 34년 만에 처음 연간 적자를 기록한 2014년의 배당금은 주당

---

12 원유를 정제해서 나온 정제품(휘발유, 경유, 등유, 중유 등) 가격에서 원유 가격을 뺀 마진. 정제마진이 커질수록 정유사의 이익은 증가한다. 손익분기점이 되는 정제마진은 정유사마다 다르나 일반적으로 배럴당 4~5달러가 손익분기점으로 알려져 있다. 정제마진은 보통 원유 가격이 상승할 때 같이 상승하는 경향을 보이며, 반대로 하락할 때는 같이 하락하는 경향을 보이나 항상 그렇지는 않다.

| 그림 7_ S-OIL 주봉 차트 (2014-2018) |

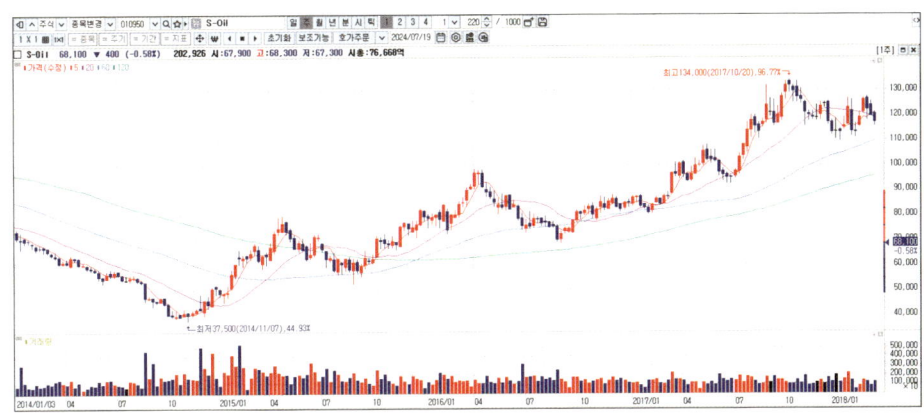

| 그림 8_ S-OIL 연도별 주당 배당금 및 순이익 |

150원에 불과했지만, 이후 2017년까지 배당금은 급격히 증가했다. 2016년과 2017년 귀속분 배당금은 각기 몇천만 원에 달했지만,

따로 출금하지는 않았다. 대신 배당금으로 S-OIL 주식을 더 샀다. 뭔가에 홀린 듯 정말 몇 년간 계속 S-OIL 주식만 사 모았다.

2014년부터 사 모은 S-OIL 주식을 2018년 10월 25일에 평균 매도 단가 12.63만 원에 8,330주 전량 매도했다. 총 매도 금액은 10억 5,207만 원. 약 5년간의 장기투자로 얻은 큰 성과였다. 예전의 트레이딩 이익과는 비교할 수 없는 큰 이익이었다.

주식을 매도한 이유는 주가가 충분히 올랐고 매도하기에 적당한 가격이라고 판단되었기 때문이다. 동시에 정제마진이 하락하면서 2018년 영업 실적이 전년도 대비 급격히 하락했기 때문이다. 실제로 내가 매도한 시점부터 약 2년간 하락이 이어졌으니 나로서는 정말 신의 한 수였다.

이렇게 나의 첫 장기투자는 성공적으로 마감되었다. 1분 1초, 모든 신경을 호가창에 쏟아부을 필요 없이 여윳돈으로 계속 사 모으면서 기다리기만 했는데, 이렇게 이익이 커질 줄은 예상하지 못했다.

코로나라는 소나기에 흠뻑 젖다

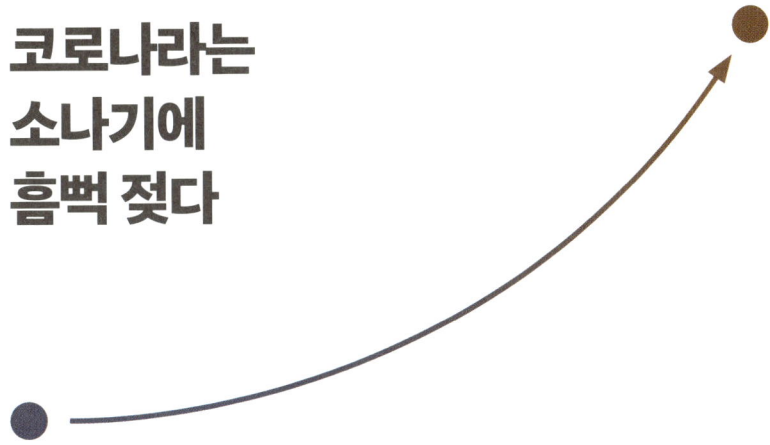

 2018년 10월에 S-OIL을 매도한 후 무슨 주식을 사야 할지 몰랐다. 우리나라 1등 주식이라는 삼성전자를 매수했다가 너무 대책 없이 산 것 같아 이익을 조금 보고 팔았다. 의도하지 않은 단타가 되었다. 그 후 뜬금없지만 1년짜리 예금을 들었다. 5년이나 걸려 만든 10억 원이라는 큰돈을 어떻게든 지키고 싶었다.

 하지만 약 4개월 후 정기예금을 모두 중도 해지했다. 그동안 여러 종목을 검토했고 저평가된 우량주로 판단한 몇 개 종목에 분산 투자했다. 그중에는 2024년 7월 현재도 보유하고 있는 하나금융지주가 포함되어 있었다. 모두 장기투자를 할 생각이었고 S-OIL 투자 때와 마찬가지로 앞으로 발생할 배당금과 근로소득을 포함한 모든 여유자금

| 그림 9_ 하나금융지주 일봉 차트 (2019-2020) |

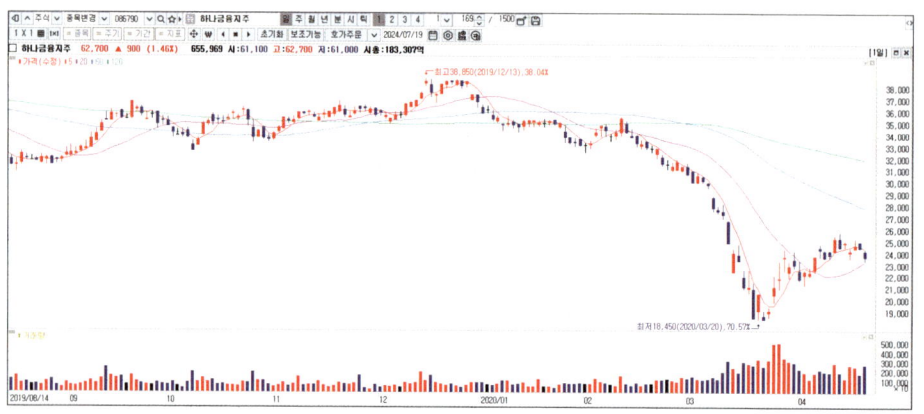

을 주식 수량을 늘리는 데 사용하기로 결심했다.

그리고 2020년 3월 코로나19가 찾아왔다. 전 세계 증시가 폭락에 폭락을 이어갔고 원유 선물 가격은 사상 처음 마이너스 30달러에 도달했다. 당시 비중이 컸던 하나금융지주도 위 차트와 같이 반 토막이 났다.

그 결과 약 10억 원이던 나의 주식 자산 평가 금액은 6억 원대로 급락했지만 낙심하지 않았다. "소나기는 피해 가라"는 주식 격언이 있지만 나와 같은 장기투자자에게는 맞지 않는 말이었다. 오히려 너무나도 저렴해진 저평가 대형 우량주들이 널렸고 사고 싶은 주식들이 넘쳐났다.

하지만 그동안 주식을 계속 사 모으는 데 모든 여유자금을 사용했기에 추가 현금이 없었다. 어쩔 수 없이 주식담보 대출을 활용하기로 했다. 다행히 당시 시장 금리가 매우 낮았고 증권사의 주식담보 대출 금리는 3~5%(고객 등급에 따라 차등 적용)로 이자 부담은 크지 않았다. 대출로 주식을 더 산다 한들 언제 반등할지 알 길은 없고 오히려 주가가 더 하락할 위험도 존재했지만, 월급으로 이자 감당이 되는 수준까지만 대출 규모를 정하면 주식을 장기간 보유할 수 있다고 판단했다.

이에 더해 보유하고 있는 각종 보험상품을 담보로 추가 대출을 받았다. 주식담보 대출 금리보다 낮았기에 안 받을 이유가 없었다. 이 대출금도 주식을 더 사 모으는 데 모두 활용했다.

그렇게 현대차, 삼성생명, 대한유화, 기업은행 등 폭락한 여러 대형 우량주를 추가로 사 모았다. 동시에 장기투자의 무료함을 달래기 위해 정말 작은 규모로 병행한 파생상품 트레이딩에 미국 S&P500 지수 선물 매수 포지션을 추가로 구축했다.

다행히 증시의 반등은 오래 걸리지 않았다. 직전의 2008년 경제 위기로 인한 증시 하락은 반년 이상 지속되었지만, 이번 코로나19로 인한 증시 하락은 거의 'V' 자 모양으로 반등했다.

| 그림 10_ 2020년 3월 22일 주식 잔고 현황 (KB 증권) |

순자산평가	629,947,070	-372,852,170 / 37.18
· D+2 예수금	0	· 종합대출금액 136,600,000
· 순평가금액	629,947,070	· 순매입금액 1,002,799,240

S&P500 지수는 급반등했고 미리 구축한 지수 선물 매수 포지션을 청산하여 꽤 큰 이익을 실현했다. 파생상품 트레이딩에서 발생한 이익으로는 국내 주식을 더 사 모았다.

코로나19로 전 세계 증시가 최저점을 찍은 2020년 3월에서 약 1년이 지난 2021년 4월 20일, 주식 자산 평가 금액이 처음으로 20억 원을 돌파했다. 10억 원이 되는 데 약 5년이라는 시간이 필요했지만, 위기를 기회로 삼은 결과 주식 자산이 정확히 2배가 되는 데는 1년밖에 걸리지 않았다.

주식 추가 매수를 위해 일으킨 대출을 그대로 두지는 않았다. 주가가 어느 정도 상승한 후에는 조금씩 이익 실현을 했고 남은 대출금 상환에 사용했다. 대출 상환을 위해 주식을 조금 팔았을 뿐 그 외에는 매도하지 않고 그대로 보유했다.

| 그림 11_ 2021년 4월 20일 주식 잔고 현황 (한화투자증권) |

근로소득을 포함한 모든 현금 흐름을 동원해 저평가 우량주를 계속 사 모으면서 장기투자를 이어갔다. 기업 실적에 큰 변화가 생기면 이를 다른 저평가 우량주로 교체 매매하면서 투자를 이어간다면, 꾸준히 안정적으로 자산을 불릴 수 있겠다는 생각이 확고해졌다.

위기는
반복된다

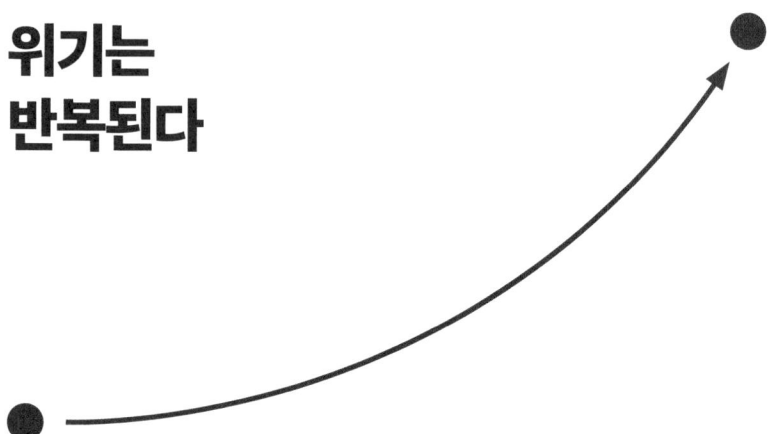

    2020년 3월에 주식 자산 평가 금액이 반토막 나고도 주식담보 대출을 활용해 추가 매수할 수 있었던 것은 선견지명이 있거나 똑똑해서가 아니다. 순전히 경험에 의한 것이었다.

    내가 처음 보고 느낀 경제 위기는 1997년 IMF 사태였다. 10대였지만 경제 위기의 엄청난 파급 효과를 충분히 보고 느낄 수 있었다. 하지만 얼마 지나지 않아 우리나라의 엄청난 수출 회복 그리고 외환 보유고 상승 등 긍정적 기사가 넘쳐났다.

    2002년 신용카드 대출 부실 사태 그리고 2008년 서브프라임모기지 사태 후에도 급격한 경제 회복이 있었다. 경제 회복과 동시에 증시는 상승했다. 물론 경제 위기 동안 사라진 기업도 있었지만, 살아남은

| 그림 12_ 우리나라 GDP 성장률 추이 (자료출처: 한국은행) |

단위: %(전년대비)

- 1980 제2차 석유파동 (오일쇼크): 13.5, 12.2, -1.9
- 1988 IMF 외환위기: 10.7, 5.8, -5.7
- 2003 신용불량자 카드사태: 4.0, 2.8
- 2009 글로벌 금융위기: 6.3, 2.3, 0.3
- 2012: 3.6, 3.3
- 2013 추정: 4.0

기업의 주가는 추가 상승을 이어갔다.

2020년 3월 코로나19로 인한 전 세계 증시 폭락을 막상 보니 마음이 복잡해졌다. 폭락에 폭락이 이어지니 계속 더 하락할 것 같았고, 그러다 보니 마음 한편에는 우선 팔고 더 싸지면 살까 하는 생각도 있었다.

하지만 공포를 극복하고 시장을 바라보니 절대 망할 수 없을 것 같은 대형 우량주들이 너무 저렴하게 매매되고 있었다. 시장에 투매가 이뤄질 때 같이 동참하기보다 오히려 적당한 레버리지를 일으켜 추가 매수를 한 것은 앞에서 말한 바와 같이 성공적인 결과로 이어졌다.

앞으로 언제 또 경제 위기가 올지 아무도 모른다. 10년 주기 경제 위기설이 있듯이 2030년에 다음 위기가 올 수도 있다. 언제 올지 모르지만 경제 위기가 또 발생할 것은 100% 분명하다. 그때 나는 다시 가용할 수 있는 모든 현금 흐름을 활용해 우량주를 싼 가격에 대량 매수할 기회로 삼을 것이다.

간혹 현금을 쌓아두고 있다가 경제 위기가 오면 바닥에서 주식을 사겠다고 얘기하는 사람들이 있다. 결론부터 말하면 좋은 생각은 아니다. 경제 위기가 언제 올지 모를뿐더러 기회의 시간이 오기까지 매우 길어질 수도 있다. 그런데 주식이 크게 상승이라도 한다면 기회비용이 너무 커진다. 무엇보다 여러 자산 중 가장 가치가 적은 현금을 오래 들고 있는 것은 좋은 생각이 아니다. 이 부분에 대해서는 나중에 설명하겠다.

03

나는 잃지 않는
투자를 이어가고 있다

대다수 사람은 단기간에 최고 수익률을 달성하기를 원한다. 하지만 기대가 크면 위험도 커지기 마련이다. 어떻게 하면 최대한 많이 벌 수 있을까가 아닌 어떻게 하면 최대한 잃지 않을 수 있을까. 이것이 나의 접근 방식이다. 이렇게 보수적인 접근이다 보니 자산은 느리게 성장한다. 하지만 잃는 경우는 거의 없다.

그래서 자산은 안정적으로 성장하고, 시간이 흐를수록 그 속도는 빨라지고 있다. 마치 작은 눈덩이가 굴러가면서 점점 빨리 커지듯.

황금알을 낳는 거위

보유하고 있는 각 배당주는 나에게 황금알을 낳는 거위와 같다. 안정적으로 황금알을 제공해주는데 그 거위를 시장에 내다 팔 이유는 없다. 오히려 황금알을 팔고 시장에서 저렴하게 매매되는 황금알 낳는 거위를 사는 데 집중하고 있다.

특히나 황금알을 낳는 특정 거위의 가격이 시장에서 갑자기 천정부지로 상승하면 그 거위를 팔고 저렴하지만 역시 황금알을 잘 낳는 다른 거위를 산다. 그렇게 거위 수가 늘면서 내가 받는 황금알 역시 증가하고 있다.

위 내용은 나의 투자 방식을 황금알 낳는 거위에 비유해 요약한 것이다. 이런 방식으로 투자를 이어가다 보니 배당금 규모는 매년 크게

| 그림 13_ 연도별 누적 배당금 (귀속분이 아닌 실제 배당금 입금일 기준) |

2016	₩-
2017	₩3,890,110
2018	₩44,225,580
2019	₩36,088,170
2020	₩8,362,806
2021	₩34,553,880
2022	₩60,071,134
2023	₩118,739,692
2024	₩154,952,395
2024 (예상)	₩220,487,894

성장하고 있다. 위는 연도별 누적 배당금을 나타낸 도표다.

(이하 모두 배당소득세 15.4% 세후 기준이다.) 2020년 연간 배당금은 3,455만 원이었지만 매년 크게 성장해서 2024년 올해는 2억 2,048만 원이 될 것으로 예상하고 있다. 2019년 배당금이 낮은 이유는 S-OIL 주식을 2018년 10월 전량 매도한 후 주식 대신 정기예금으로 몇 개월간 유지했기 때문이다.

매년 받는 배당금 대부분을 주식에 재투자하고 있다. 주식 수량이 증가하니 배당금 또한 증가하고 이에 더 많은 주식을 사면서 선순환이 반복되고 있다. 한마디로 요약하면 복리 효과다.

사실 지금까지 주식 자산이 크게 성장하는 데 가장 핵심은 매매차익이었다. 누적 배당금보다 누적 매매차익 규모가 더 크고 앞으로도 그럴 것이라고 생각하지만, 배당금은 내가 장기투자를 이어갈 수 있게 해주는 심리적인 그리고 물질적인 안정감을 제공한다.

만일 내가 직장을 그만두고 근로소득이 없어지면 나의 투자 방식은 어떻게 변할까? 생활비 그리고 아이들 교육비 때문에 필요한 만큼 정기적으로 주식을 팔아야 하겠지만 충분히 크고 안정적인 배당 소득이 있다면 주식을 팔지 않아도 생활을 유지할 수 있다. 그러면 온전하게 장기투자를 이어갈 수 있다. 일반적으로 큰 매매차익은 장기투자가 전제되어야 하기에 결국 배당금이 가장 중요한 역할을 한다.

언제가 될지 모르지만 나는 지금의 월급쟁이 생활을 자발적으로 끝낼 것이다. 매년 받는 배당금은 이미 꽤 큰 규모가 되었지만, 기업의 배당금은 언제든 변동될 수 있기에 안전마진을 고려해 충분히 더 큰 규모가 되면 은퇴할 것이다. 그리고 온전히 내가 원하는 것만 하며 가족과 행복하고 건강한 생활을 유지할 것이다. 그때를 위해 나는 앞으로도 황금알을 잘 낳는 거위 수를 계속 늘려갈 것이다.

시작은
미약했으나
끝은 창대하리라

　이 글을 작성하고 있는 2024년 7월 2일 기준, 현재 나의 주식 자산 평가 금액은 41.3억 원이다. 비록 투자 초기에는 아파트 담보 대출 그리고 중간에는 주식담보 대출을 활용했지만 불과 5,000만 원도 안 되었던 주식 자산은 지난 10년간의 장기투자로 현재 초기 금액과는 비교도 안 되게 크게 성장했다. 그리고 그 속도는 점점 빨라지고 있다.

　아래는 2020년부터 2024년까지 주식 자산 평가 금액 변화를 나타낸 도표다. 2020년 5월 약 10억 원이던 평가금액은 만 4년이 지난 지금 40억 원을 넘었다.

　투자금을 초기 한 번에 투입하고 자산을 굴린 게 아니라 여유자금이 있을 때마다 그리고 배당금이 입금될 때마다 주식을 계속 사 모아

| 그림 14_주식 자산 평가 금액 |

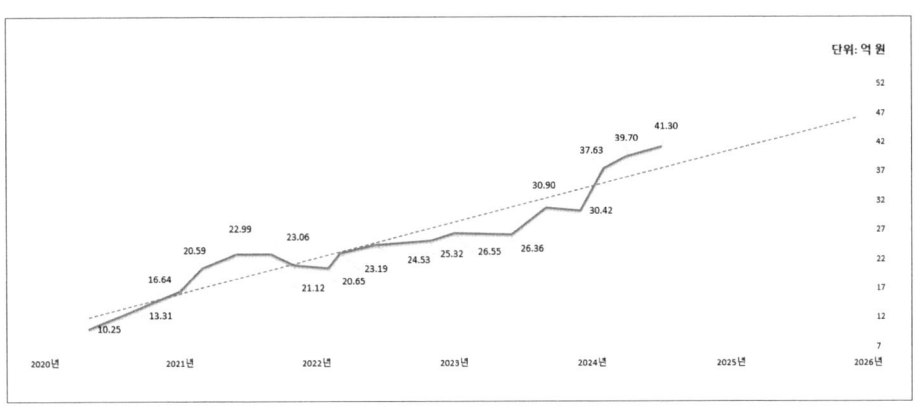

왔다. 10년간 그렇게 하다 보니 정확한 수익률 계산은 어렵다. 하지만 모든 배당금 내역과 매매차익을 기록해왔기에 투입한 원금은 역산으로 파악 가능하다.

누적 주식 매매차익: 16.61억 원
누적 주식 배당금: 6.08억 원
누적 파생 매매차익: 4.09억 원 (현재 중단한 상태)
현재 평가익: 9.81억 원 (2024년 7월 2일 기준)

현재 평가금액 41.3억 원에서 상기 금액을 제하면 지난 10년간 투입한 순수 원금은 약 4.71억 원이다. 단순 평가 수익률은 약 776%이고 연평균 수익률은 24.24%다. $(1+0.2424)^{10} = 876\%$ (원금 포함).

순수 원금 대비 배당수익률은 어떻게 될까? 올해 예상 배당금 약

2.2억 원/4.71억 원 = 46.7%다. 워런 버핏은 최장기 보유[13] 종목인 코카콜라로 매년 50% 정도의 배당수익률[4](원금 대비)을 올리고 있다는데 운 좋게 나 역시 비슷한 수준에 도달했다.

이처럼 복리 효과와 장기투자가 결합한 결과 연평균 24%에 불과한 수익률로 10년 만에 평가금액은 거의 9배가 되었고 (원금 대비) 배당수익률은 46.7%에 도달했다. 하지만 이게 끝이 아니다. 이미 설명한 것처럼 배당금은 여전히 주식 재투자에 사용하고 있으며 그 외 여유자금으로도 주식을 계속 사 모으고 있으니, 주식 자산 규모와 배당금은 앞으로도 계속 성장할 가능성이 크다.

물론 매우 어려운 일이겠지만, 앞으로도 현재까지의 연평균 수익률을 유지할 수 있다고 가정한다면 투자 기간별 결과는 다음과 같다.

> 10년: 41.3억 원 (2024년 7월 2일 기준)
> 15년: 122억 원
> 20년: 362억 원
> 30년: 3,169억 원
> 40년: 2조 7,763억 원
> 50년: 24조 3,272억 원

사실 써놓고도 믿기지 않을 정도로 큰 금액이다. 투자 기간이 길어

---

13 1988년부터 사 모았으며 현재 36년째 보유 중.

| 그림 15_ 연평균 수익률 24.24% 복리 효과 |

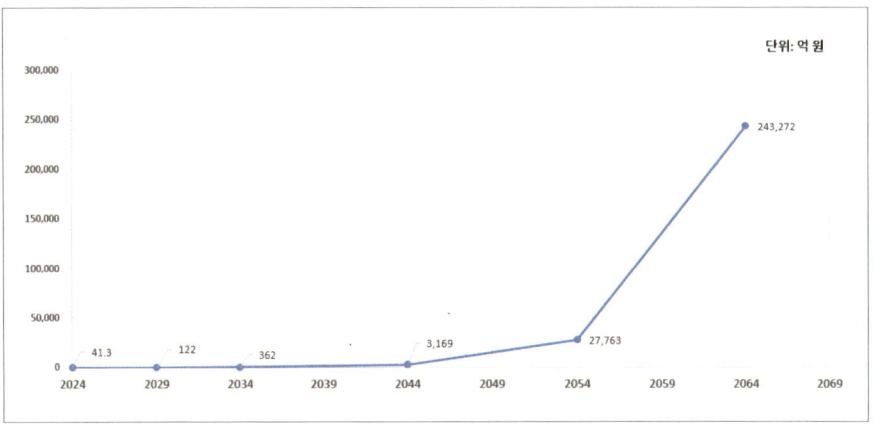

질수록 복리 효과는 무서울 정도로 엄청나다. 정말 가능할까 싶지만 이미 워런 버핏이 가능하다는 것을 보여줬다. 왜 우리가 장기투자를 하루라도 일찍 시작해야 하는지 잘 보여주는 사례다.

하지만 장기투자는 지루하다. 얼마 안 되는 종잣돈을 투자해 어느 세월에 의미 있는 규모로 커질 수 있을까. 그러다 보니 시작하더라도 얼마 안 돼 포기하는 사람이 대다수다.

기술 성장주처럼 변동성이 큰 주식으로 한탕 크게 벌고 그다음부터 배당주 장기투자를 하겠다는 사람이 많다. 하지만 변동성에 중독된 사람은 거기서 벗어나기 힘들다. 단순히 기초자산의 방향성에 초점을 맞춘 3배 레버리지 ETF 같은 상품으로 큰 이익을 실현해본 경험은 마치 카지노에서 큰돈을 따본 경험과 비슷해서 엔간해서는 레버리지의 늪에서 헤어 나오기 힘들다.

장기투자는 습관이다. 투자금이 작을 때부터 장기투자를 꾸준히 이어가면서 배당금 재투자를 습관화하면 시간이 걸리더라도 분명 자산은 계속 성장할 것이다. "천재는 노력하는 사람을 이길 수 없고, 노력하는 사람은 즐기는 사람을 이길 수 없다"[14]는 말도 있지 않은가. 비슷한 맥락에서, 돈을 벌기 위해 아무리 큰 노력을 하더라도 장기투자가 몸에 밴 사람은 이길 수 없다고 생각한다. 초기에는 지루하고 매우 더딘 속도를 보일지라도 복리 효과를 믿고 장기투자를 시작해보면 어떨까? 분명 생각보다 자산이 더 빠른 속도로 성장할 것이다. 시작은 미약했으나 끝은 창대할 것이다.

---

14   독일 심리치료사, 롤프 메르클레Rolf Merkle의 말.

THE ACCELERATED INVESTING FORMULA

2장

지속 성장이 가능한 투자

01
주식은 부를 쌓기 위한 가장 좋은 수단이다

현금, 주식, 부동산, 귀금속. 모두 부를 쌓을 수 있는 수단이다. 많은 사람이 현금을 선호하지만, 사실 가장 안 좋은 수단이 현금이다. 그런데도 사람들은 현금 저축을 서로 장려한다. 이유는 간단하다. 부자가 되기 위해 주식을 사 모아야 한다는 것을 모르기 때문이다.

현금은
쓰레기다

"현금은 쓰레기다"라는 말을 한 번쯤 들어봤을 것이다. 투자의 대가 레이 달리오Ray Dalio[1]의 말이다. 자본주의 체제에서 현금은 계속 찍어낼 것이고 그 가치는 계속 떨어질 수밖에 없다는 뜻이다. "현금으로 살 수 있는 게 얼마나 많은데 쓰레기라니 무슨 말이야?"라고 되물을 수 있다. 하지만 곰곰이 생각해보면 맞는 말이다. 40년 전 100만 원이라는 돈의 가치와 현재 100만 원의 가치는 확연히 다르다. 그동안의 물가 상승 때문이다. 내가 어렸을 때인 1980년대 후반, 짜장면 한 그

---

[1] 미국의 투자자이자 헤지펀드 매니저이다. 1975년 브리지워터 어소시에이츠(Bridgewater Associates)를 설립하고 세계적인 헤지펀드 회사로 성장시켰다. 올 웨더 포트폴리오(All Weather Portfolio)를 제시한 것으로 유명하다.

롯의 가격은 800~900원이었지만, 지금은 최소 8,000원 이상이다.

반면 주식이나 부동산 같은 자산의 가격은 전 세계적으로 꾸준히 상승해왔다. 따라서 근로나 사업 소득이 있다면 이를 현금으로 장기 보유하기보다는 주식이든 부동산이든 다른 자산에 투자해 보유하는 것이 더 현명한 방법이라고 할 수 있다.

현금 형태의 자산 보유는 은행 정기예금이나 적금상품 가입을 포함한다. 물론 은행은 상품 유지 기간에 따른 이자를 지급하지만 결국 물가 상승률과 비슷하거나 그보다 적은 이자를 줄 뿐이다. 15.4%의 이자소득세까지(지방세 포함) 떼고 나면 물가 상승률보다 못할 가능성은 더 높다. 확실한 건 요즘에는 정기예금이나 적금으로 부자가 되었다는 이야기를 듣기 힘들다. 정기예금과 적금은 저축의 한 형태일 뿐 투자는 아니다.

| 그림 1_ 튀르키예 리라화 환율 차트 USD/TRY (출처: www.xe.com) |

튀르키예나 베네수엘라처럼 장기간 경제 위기가 이어지고 있는 나라에서는 '현금은 쓰레기다'라는 현상이 극명하게 나타난다. 아래는 튀르키예 리라화 환율 차트다. 2020년 2월, 1달러에 6리라에 불과했던 환율은 2024년 7월 현재, 1달러에 33리라 수준으로 4.5년 사이에 약 5.5배 상승했다. 미 달러화 대비 환율이 상승했다는 것은 리라화의 가치가 그만큼 떨어졌다는 의미다.

오랫동안 튀르키예의 약한 경제가 개선되지 않아 리라화 가치는 폭락했고, 결국 물가 상승률은 폭등했다. 따라서 안전자산이라고 생각해 현금 자산만 보유하던 튀르키예 국민은 빈털터리가 됐을 것이다.

| 그림 2_ 튀르키예 물가 상승률 차트 (출처: statista) |

| 그림 3_ 튀르키예 증시 보르사 이스탄불 100 지수 차트 (출처:https://en.macromicro.me/charts/49161/turkey-stock) |

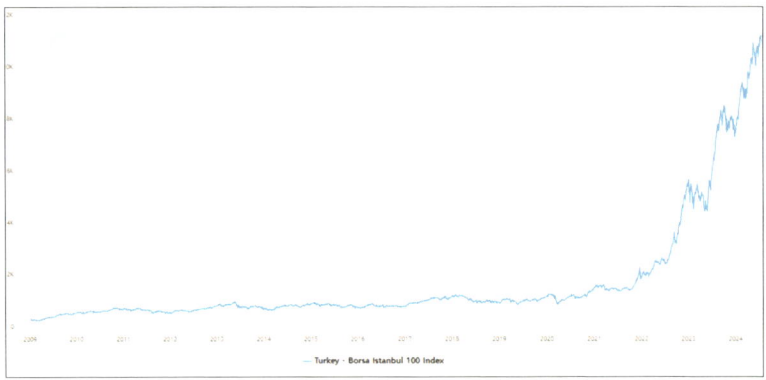

튀르키예 증시는 어떻게 됐을까? 경제 상황이 좋지 못하니 하락했을까? 리라화 가치가 하락할수록, 물가 상승률이 오를수록 튀르키예 증시 지수는 폭등에 폭등을 이어갔다.

2020년 2월, 약 1,100포인트였던 보르사 이스탄불 100 Borsa Istanbul 100 지수[2]는 2024년 7월 약 11,000포인트까지 상승했다. 약 10배의 상승이다. 그렇다면 개별 기업의 주가는 어땠을까?

튀르키예 재벌이자 시가총액 1위 기업에 오르내리는 코치 홀딩 Koç Holding의 주가 차트는 다음과 같다. 재벌 기업답게 에너지, 자동차, 금융, 방산, 조선, 유통, 식품, IT 등 수많은 섹터에서 사업을 영위하고 있다. 우리나라의 SK, 현대, 삼성, 한화, 롯데 그룹이 모두 합쳐진 것과 비슷한 모습이다.

---

2 튀르키예 증시 대표 지수로 시가총액 기준 100대 기업 주가를 지수화한 것이다.

| 그림 4_ 코치 홀딩 주가 차트 (출처:www.investing.com) |

| 그림 5_ 코치 홀딩 배당 (출처:www.investing.com) |

KCHOL Ex Dividend Date, Yield & History

Dividend Insights

배당 기준일	주당 배당금 [리라]	배당 지급일	배당 수익률
2024-04-24	8.0000	2024-04-26	3.70%
2023-03-27	1.7330	2023-03-29	2.20%
2022-04-07	0.9020	2022-04-11	2.27%
2021-04-14	0.5850	2021-04-16	3.16%
2020-04-06	0.2095	2020-04-08	1.53%
2019-04-01	0.3980	2019-04-03	2.47%

코치 홀딩의 주가 역시 2020년 이후 크게 상승했다. 2020년 2월에 약 16리라였던 주가는 2024년 5월에 최고치를 찍은 후 하락해 현재 약 185리라다. 주가는 4.5년 동안 약 11.5배 상승했다. 튀르키예 경제는 여전히 좋지 않지만 코치 홀딩은 꾸준히 이익을 냈고 배당도 계속 지급했다.

배당수익률은 2~3% 수준을 유지하고 있는데 지난 4.5년 사이 주가가 11.5배 상승한 것을 감안하면 절대 배당금의 규모도 크게 증가했다. 2020년 4월 주당 배당금은 0.2095리라였지만 2024년 4월 주당 배당금은 8리라로 무려 38배 이상 증가했다.

2020년 2월과 2024년 7월 사이에 어떤 자산을 가지고 있었느냐에 따라 튀르키에 국민의 경제 상황은 크게 달라졌을 것이다. 자산 대부분을 코치 홀딩 같은 우량 주식으로 보유했더라면 물가 상승률을 뛰어넘는 자산 가치 상승뿐만 아니라 배당금으로 자산을 더 키울 기회가 있었을 것이다. 하지만 자산 대부분을 현금으로만 들고 있었다면 안타깝지만 소위 벼락 거지가 되었을 것이다.

보통 한 나라의 경제가 어려워지면 증시는 일시 하락하는 것이 일반적이다. 하지만 장기간의 경제 위기로 통화 가치가 계속 하락한다면 얘기는 달라진다. 모든 자산은 그 나라 통화로 표기되기에 통화 가치 하락은 모든 자산의 가격 상승으로 이어진다. 표면 금액이 고정된 현금을 제외한 부동산, 주식 등 모든 자산 가격은 폭등하게 된다. 튀르키예의 현 상황은 현금이 얼마나 가치 없는 자산이 될 수 있는지 잘 보여준 사례라고 할 수 있다.

| 그림 6_ 자산 종류별 100달러의 가치 |
(출처: https://www.visualcapitalist.com/growth-of-100-by-asset-class-1970-2023)

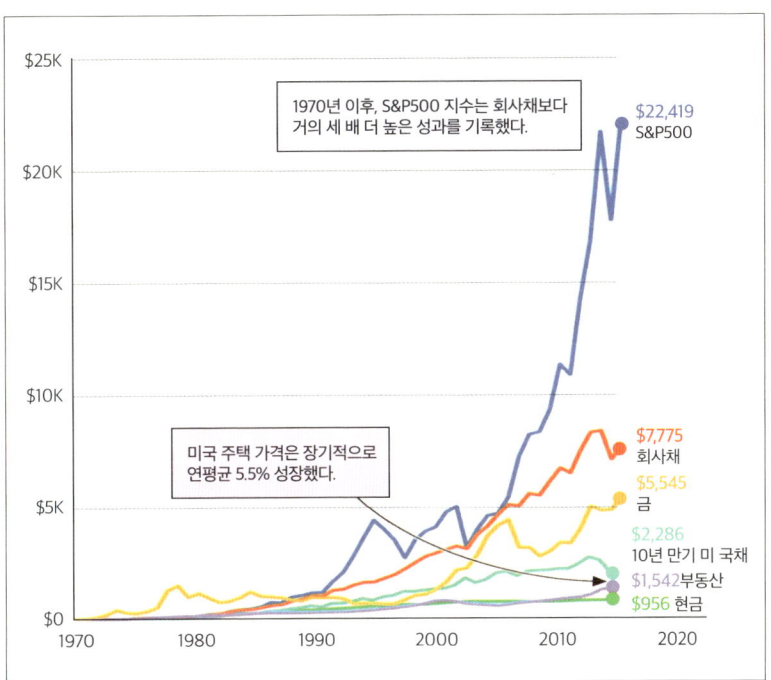

　장기간 경제 위기를 겪는 특수한 상황 말고 일반적인 경우는 어떨까? 금융 역사가 긴 미국의 경우를 살펴보자. 위 그래프는 1970년부터 2023년까지 미국의 주식, 회사채, 금, 국채, 부동산 그리고 현금의 가치 변화를 보여준다. 같은 100달러로 시작했지만 53년 후 주식(S&P500)의 가치는 224배가 되었고, 회사채는 78, 금은 55배, 국채(10년 만기)는 23배, 부동산은 15배 그리고 현금은 10배가 되었다. 현금이 10배가 된 이유는 3개월 만기 국채로 대체 적용했기 때문이다.

정말 종이 현금으로만 보관했다면 1970년의 100달러는 지금도 여전히 100달러 그대로다.

이렇듯 투자 기간이 길수록 자산별 투자의 성과 차이는 극명하게 나타난다. 그중 현금은 상대적으로 가치 상승이 거의 없다. 아니, 물가 상승률까지 고려하면 현금의 구매력은 크게 감소한다. 그리고 특수한 상황이 아닌 보통의 경우에서도 현금은 가장 쓸모없는 자산이다.

이런 사례를 보고도 대다수는 여전히 월급을 받아 예금이나 적금으로 저축할 것이다. 첫 번째, 우리 대다수는 어릴 때부터 현금이 안전자산이고 주식은 위험자산이라는 말을 지겨울 정도로 들어왔기 때문이다. 두 번째, 학교에서 별도의 금융 지식을 배우지 못했기 때문이다. 매일 주식시장에서 거래되는 주식의 특성상, 주가는 항상 변동하기 때문에 위험자산으로 보이기 쉽다. 반면 현금은 표면 금액이 변하지 않고 그 가치는 천천히 하락하기에 안전자산으로 착각하기 쉽다. 천천히 온도가 올라가 결국 삶아지는 끓는 물 속의 개구리처럼 말이다.

하지만 실상은 반대다. 장기적 관점에서 보면 현금이야말로 위험자산이고 주식은 안전자산이다. 그래도 여전히 주식이 꺼려질 수 있다. 무엇보다 주식이 가진 본질적 가격 변동성에 익숙하지 않아서일 것이다. 또한 처음에는 어떤 주식을 사야 하는지 몰라 어쩔 수 없이 현금을 저축하는 경우도 많다.

어떤 주식을 사 모을지는 뒤에 이야기하겠다. 다만 앞으로 현금 대신 주식으로 부를 쌓아야겠다는 생각이 조금이라도 든다면, 이제 당신은 자산가가 되기 위한 첫 번째 단계를 통과한 것이다.

나는
부동산보다
주식이 좋다

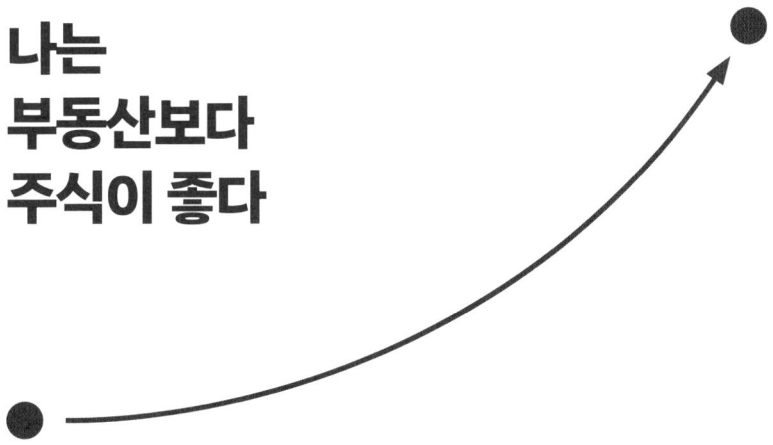

 이미 눈치챘겠지만, 나는 대부분 자산을 주식 형태로 가지고 있다. 결혼하면서 산 아파트 한 채를 여전히 보유 중인데, 이번 임대계약이 끝나면 매도할 것이다. 그리고 그 자금으로 주식을 더 살 생각이다. 10년 넘게 보유한 아파트를 매도하겠다는 결심은 몇 년 전부터 했다. 현재 해외 거주 중이기도 해서 국내 부동산을 보유할 이유도 딱히 없다. 다만 임차인이 계약 연장을 요구해 매도하지 못했을 뿐이다.

 주식은 부동산뿐만 아니라 다른 자산에 비해서도 여러 장점을 지녔다. 우선 앞서 알아본 바와 같이 그 어떤 자산보다 가치 상승률이 뛰어나다. 물가 상승률이 높아진다 한들 주식 자산의 가치 상승은 항상 그 이상이었다.

물가가 올라간다는 것은 기업이 판매하는 물품이나 서비스 가격이 상승한다는 것이고 이에 기업의 매출과 이익도 연계되어 상승한다. 최근 식료품 가격이 상승했다는 기사를 부쩍 많이 본다. 그렇다면 식료품 기업의 실적은 어떨까?

식료품은 기호품이 아닌 생활필수품이기에 상품 가격이 상승하면 실적은 전반적으로 개선된다. 매출은 상승하고 영업이익은 개선된다. 비록 주가는 매일 불규칙하게 변동하는 것처럼 보이지만, 실적이 개선되면 주가는 결국 장기적으로 상승하게 되어 있다. 더불어 늘어나는 배당금은 덤이다. 따라서 주식의 경우 시간이 지날수록 가치가 줄어들 염려를 전혀 할 필요가 없다.

두 번째, 주식은 보유에 따른 별도의 세금이나 비용이 발생하지 않는다. 주식이 아무리 많아도 이에 대한 보유세는 없을뿐더러 증권사나 기관에 주식 보관에 따른 별도의 비용을 지급할 필요도 없다. 반면 부동산은 비쌀수록 보유세가 증가한다. 우리나라의 경우 재산세 또는 종합부동산세가 해당한다. 그나마 우리나라의 부동산 보유세는 다른 OECD 국가에 비해 낮은 편이다. 미국의 경우 주마다 부동산 보유세율 Property Tax Rate이 다른데, 텍사스의 경우 부동산 가격의 1.90%를 매년 납부해야 한다. 10억 원 주택 한 채가 있다면 1,900만 원의 보유세를 매년 납부해야 하는 것이다. 내 집이지만 월세를 정부에 내는 셈이다.

우리나라라고 안심할 수만은 없다. 향후 국가재정이 악화된다면 다른 OECD 국가와 마찬가지로 부동산 재산세나 종합부동산세는 지금보다 강화될 가능성이 높다.

  우리나라는 부동산 소유에 연동되는 준조세가 하나 더 있다. 바로 국민건강보험료다. 부동산 공시가격은 국민건강보험 지역가입자의 보험료에 이미 연동되어 있는데 현재 진행 중인 인구 고령화로 국민건강보험 재정이 악화하면 부동산에 연동되는 보험료율은 향후 더 오를 가능성이 높다. 즉 충분한 준비 없이 부동산에 올인한 상태로 은퇴한다면 현금은 부족한데 날로 상승하는 재산세와 건강보험료로 빈곤

| 그림 7_ 미국 주별 부동산 보유세 (출처: https://www.illinoispolicy.org) |

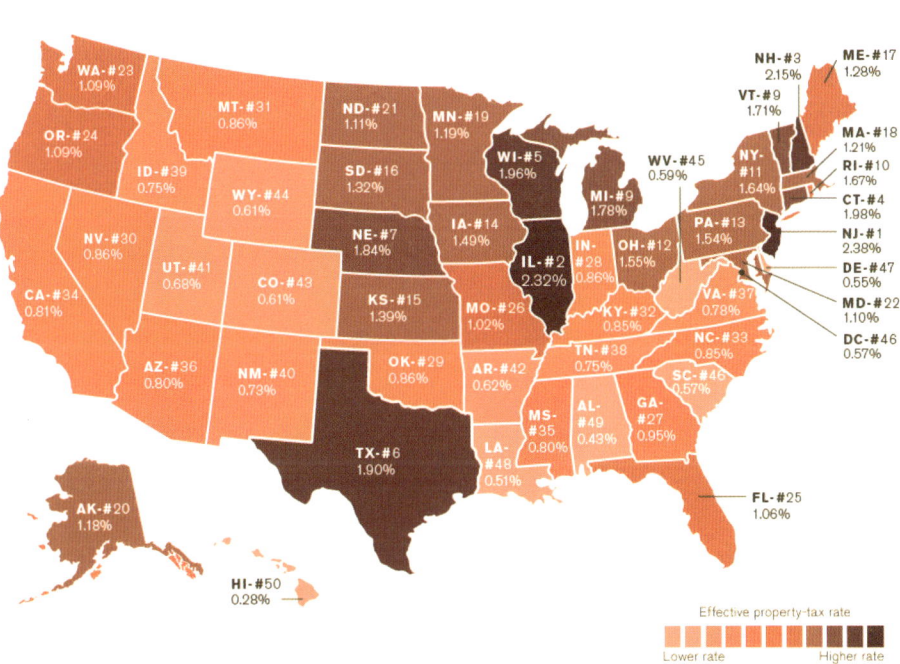

2장 지속 성장이 가능한 투자

한 노후를 맞이할 수도 있다.

투자의 대가 워런 버핏이 돈을 버는 족족 주식이 아닌 부동산을 매입했다고 생각해보자. 매년 납부할 보유세 때문에 그는 지금과 같은 부자가 절대 될 수 없었을 것이다.

부동산이 아닌 귀금속이나 예술품과 같은 값비싼 실물 자산 역시 별도의 비용이 발생한다. 양이 많을수록 그리고 비쌀수록 보관료와 유지비는 정비례하여 상승한다. 이에 더해 실물 자산은 분실의 위험도 있다.

세 번째, 주식에는 감가상각 비용이 없다. 실물 자산의 경우 시간이 지나면서 노후화되기 마련이고 이에 감가상각 비용이 반영된다. 토지를 제외한 건물이나 아파트 같은 부동산 역시 노후화되기 마련이다. 시간이 지나 낡은 건물은 해체 후 다시 짓든 리모델링해야 한다. 우리나라 아파트는 노후화되어도 감가상각은커녕 가격이 상승하지 않았냐고 반문할 수 있다.

그런데 그 이유는 아파트의 대지 지분 가격이 상승한 것이지 아파트 건물의 가격이 상승한 것은 아니다. 반면 주식은 노후화되지 않으며 별도의 감가상각 비용도 발생하지 않는다.

마지막으로 주식은 편리하다. 보유한다고 뭔가를 관리해야 한다거나 신경 써야 할 것이 전혀 없다. 물론 기업의 실적과 사업 내용 모니터링은 해야 하겠지만 그 외 물리적으로 관리할 것이 없다. 내가 직접 지난 수년간 부동산 임대를 해본 결과, 부동산은 꾸준한 관리가 필요하다. 한 번씩 임차인에게 연락이 올 때마다 '이번에는 또 무슨 문제가 생겼을까?' 하는 걱정이 앞선다. 노후화로 보일러 교체, 환풍기 교체, 전등 교체, 싱크대 트랩 설치 그리고 임차인이 변경될 때마다 계약서 작성, 입주 청소, 도배는 생각만 해도 귀찮다. 부동산을 여럿 보유하고 임대 사업을 하는 사업자를 보고 돈을 쉽게 번다고 생각할 수 있겠지만, 사실 여러 채의 주택을 계속 관리 유지한다는 것은 보통 일이 아니다.

아무리 많이 사 모아도 보유세나 비용이 발생하지 않고 노후화되지 않으며 분실 위험이 없으며 관리할 것도 없고 시간이 흐르면 알아서 가치가 상승하는 주식보다 부를 더 효율적으로 그리고 효과적으로 저장할 수 있는 수단이 있을까? 역사적으로나 논리적으로나 존재하지 않는다고 생각한다. 내가 부동산뿐만 아니라 그 어떤 자산보다 주식을 좋아하는 이유다.

현재 임대 중인 아파트를 매도하면 그 대금으로 리츠REITs, Real Estate Investment Trusts[3] 주식을 사볼까 생각하고 있다. 사실 직접 부동산을 사서 임대 사업을 하는 것이나 리츠 주식을 매수하는 것이나 본질적 면에서는 다를 게 없다. 심지어 리츠 주식을 매수하면 내가 부동산을 직접 관리하지 않아도 되니 훨씬 편리하다. 더군다나 수익률 면에서도 훨씬 나을 수 있다. 현재 임대 중인 아파트의 실거래가 대비 임대 수익률은 연 3%가 채 안 된다. 하지만 주식시장에 상장된 리츠 주식 중에는 배당수익률이 이보다 높은 상품이 많다.

---

3 다수의 투자자로부터 자금을 모아 부동산에 투자하고 그 운용 수익을 배당하는 펀드.

나중에 아이들이 커서 주식이 무엇인지 충분히 이해할 정도가 되면 나는 이렇게 말해주고 싶다. 부동산 살 돈으로 리츠 주식을 사 모으고, 은행에 정기예금할 돈으로 은행 주식을 사 모으고, 커피 마실 돈으로 커피 기업 주식을 사 모으라고.

세계적인 자산가

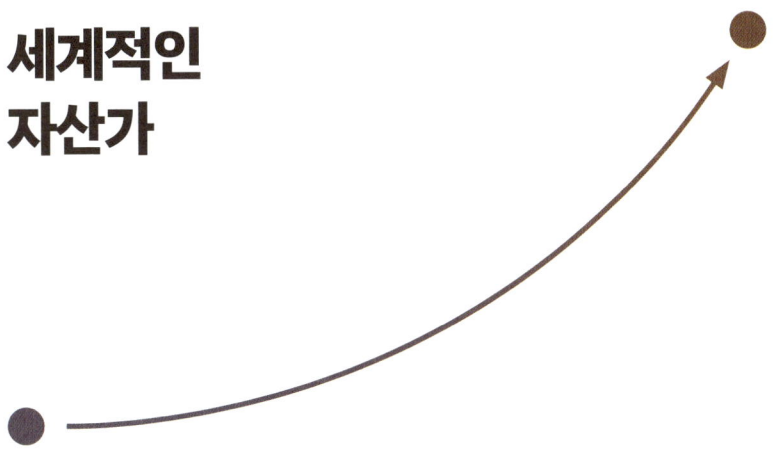

　나는 현재 가족과 함께 쿠웨이트에 거주 중이다. 2015년 12월, 10년간 재직했던 S-OIL을 그만두고 현지 국영 석유 기업인 쿠웨이트 오일 컴퍼니Kuwait Oil Company에 엔지니어로 이직했다. 벌써 9년 차에 접어들었다. 내가 이직을 한 이유는 대학 4학년 때의 마음과 같다. 돈의 흐름을 따르다 보니 이곳 중동 먼 곳까지 오게 되었다. 개인소득세가 없는 데다가 한국에서 받던 연봉의 배 이상으로 준다는데 이직을 안 할 이유가 없었다. 돌이켜 생각해보니 2016년 이후로 S-OIL 주식을 생각보다 더 많이 모을 수 있었다. 이곳에서 받는 월급이 한국에서 받던 것보다 많이 늘었기 때문이다.
　2021년 1월 어느 날, 회사에서 알고 지내는 현지 동료가 커피 한잔하자고 연락이 왔다. 주말에 만나 얘기해보니 이제 주식투자를 시작하고 싶은데 어떤 주식을 사면 되냐고 물었다. 평소 대화를 통해 친구는 내가 오랜 기간 주식투자를 해왔다는 것을 알고 있었다.

나: 그래, 지금까지 저축한 돈은 어떻게 하고 있어?
H: 은행에 계속 예금하고 있지.
나: 어느 은행에 하고 있는데?
H: 쿠웨이트 파이낸스 하우스Kuwait Finance House.[4]
나: 그 은행은 네가 맡긴 돈으로 대출해주고 돈을 벌어. 그중 일부만 이자로 너한테 주는 건 알지?
H: 음…… 그렇겠지.
나: 예금은 이제 그만하고 차라리 그 돈으로 쿠웨이트 파이낸스 하우스 주식을 장기간 계속 사 모아봐.
H: 위험하지 않을까?
나: 가격이 매일 변동해서 그렇지 주식은 위험한 게 아니야. 전 세계적으로 유명한 부자를 봐. 모두 주식 부자고, 여전히 주식을 가지고 있어. 주식을 팔아서 예금을 하지 않잖아. 그리고 내가 지금 잠깐 검색해보니까 쿠웨이트 파이낸스 하우스는 이익 창출력도 꾸준하고 배당도 계속 주고 있네. 배당이 들어오면 앞으로 주식을 계속 더 사 모아봐. 나도 지금 장기투자하는 여러 주식

---

[4] 쿠웨이트 증시에서 시가총액이 가장 큰 기업이다.

중에 하나금융지주라는 한국 주식 비중이 가장 커.

H: 그렇구나. 좀 더 생각해볼게.

동료는 그날 바로 확답하지 않았지만, 며칠 후 쿠웨이트 파이낸스 하우스 주식을 샀다고 했다. 그리고 몇 개월 후 주식이 계속 오르길래 다 팔았다는 안타까운 소식도 들었다. 나름 진지하게 장기투자를 왜 해야 하는지, 왜 주식으로 부를 쌓아야 하는지 열심히 설명했는데 허탈했다.

| 그림 8_ 쿠웨이트 파이낸스 하우스 주가 차트 (2020-2024) (출처: finance.yahoo.com) |

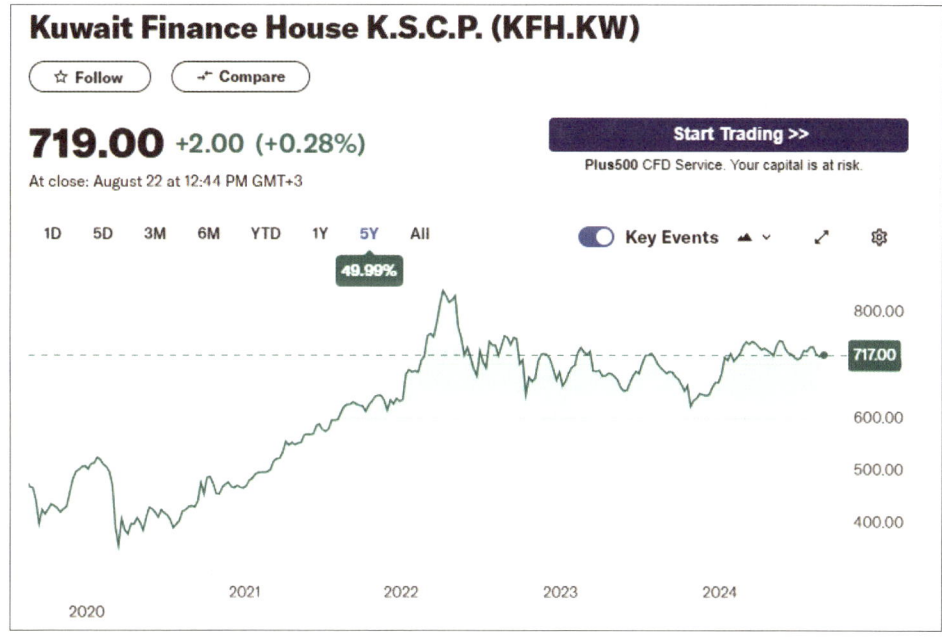

이야기가 나온 김에 전 세계 Top 10 부자 순위를 살펴보자. 일론 머스크, 제프 베조스, 워런 버핏. 모두 뉴스나 서적에서 들어봤을 것이다.

이들의 공통점은 무엇일까? 보유 주식 평가액이 엄청나다는 것이다. 주식이 아닌 부동산이나 현금 때문에 순위에 오른 사람은 단 한 명도 없다. 성공적인 창업을 했고 기업이 성장하면서 주가는 폭발적으로 상승했고, 이들이 보유한 주식 평가금액은 천문학적으로 커졌다. 주식 자산은 커졌지만, 이들은 여전히 주식으로 부를 보유하고 있다. 우리나라라고 상황이 다르진 않다. 2023년 기준 우리나라 부자 순위는 다음과 같다.

우리나라 역시 1위부터 10위까지 모두 주식 부자다. 이들 또한 보유한 주식 평가 금액이 높아 순위에 오른 것이지, 부동산이나 현금 때문인 사람은 한 명도 없다. 그들 역시 대부분 부를 주식으로 보관하고 있다.

그런데 왜 10위까지만 보는지 의구심이 드는 분도 있을 것이다. 그렇다면 50위까지 보자. 그래도 달라지는 것은 없다. 모두 주식 부자다.

왜 모두 주식 형태로 보유하고 있을까? 이유는 앞서 설명한 바와 같다. 주식이야말로 부를 저장할 수 있는 가장 좋은 수단이기 때문이다. 주식은 아무리 많아도 보유세나 수수료가 없고 별도의 관리 비용도 없으며 노후화되지도 않기에 그보다 좋은 수단이 없다는 것을 이들 모두 잘 알 것이다. 따라서 그들은 앞으로도 계속 부를 주식 형태로 보유할 것이다.

| 그림 9_ 2024년 2월 1일 기준 전 세계 부자 순위 (출처: https://posts.voronoiapp.com) |

| 그림 10_ 2023년 대한민국 10대 부자 순위 (출처: 미국 〈포브스〉) |

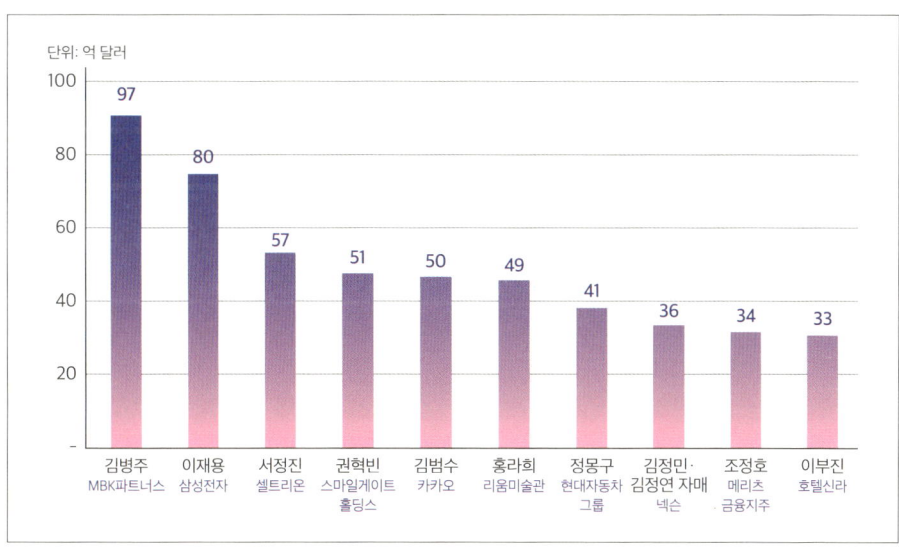

여러 사례를 통해 왜 주식을 계속 사 모아야 하는지 알아봤다. 당신의 생각은 어떤가? 여전히 왜 주식을 사 모아야 하는지 모르겠다면 다음 챕터를 보자.

| 표 1_ 2024년 대한민국 50대 부자 순위 (출처: https://jmagazine.joins.com/forbes/view/339608) |

순위	이름	순자산(달러)	부의 원천
1	이재용	115억$	삼성전자
2	김병주	97억$	MBK파트너스
3	서정진	75억$	셀트리온
4	조정호	62억$	메리츠금융
5	정몽구	46억$	현대자동차
6	김범수	45억$	카카오
7	홍라희	44억$	삼성
8	곽동신	39억$	한미반도체
9	권혁빈	35억$	스마일게이트
10	정의선	34억$	현대자동차
11	김범석	32억$	쿠팡
12	김정민&정연	29억$	NXC
13	이부진	28억$	삼성
14	이서현	27억$	삼성
15	유정현	23억$	NXC
16	이동채	22억$	에코프로
17	방시혁	21억$	하이브
18	김준기	19억$	DB
19	구광모	18억$	LG
20	이호진	15.5억$	태광
21	서경배	15억$	아모레퍼시픽
22	이수진	14.5억$	야놀자
23	박순재	14.3억$	알테오젠
24	최태원	14.0억$	SK
25	이해진	13.5억$	네이버

26	정용진	12.5억$	신세계
27	이재현	12.4억$	CJ
28	류광지	12.2억$	금양
29	정몽준	12.0억$	HD현대
30	구본능	11.5억$	희성
31	박현주	11.2억$	미래에셋
32	김택진	11.1억$	엔씨소프트
33	김정웅	11.0억$	지피클럽
34	신창재	10.9억$	교보생명
35	이채윤	10.8억$	리노공업
36	김재영	10.7억$	라이언하트스튜디오
37	구본식	10.6억$	LT
38	이승건	10.5억$	비바리퍼블리카
39	신동주	10.3억$	롯데
40	방준혁	10.1억$	넷마블
41	장평순	10.0억$	교원
42	홍석조	9.7억$	BGF
43	이중근	9.1억$	부영
44	김창수	9.0억$	F&F
45	이상록	8.6억$	카버코리아
46	이준호	8.4억$	NHN
47	장병규	8.3억$	크래프톤
48	정지완	8.0억$	솔브레인
49	조현준	7.9억$	효성
50	조현상	7.8억$	효성

OECD 노인 빈곤율 세계 1위, 대한민국

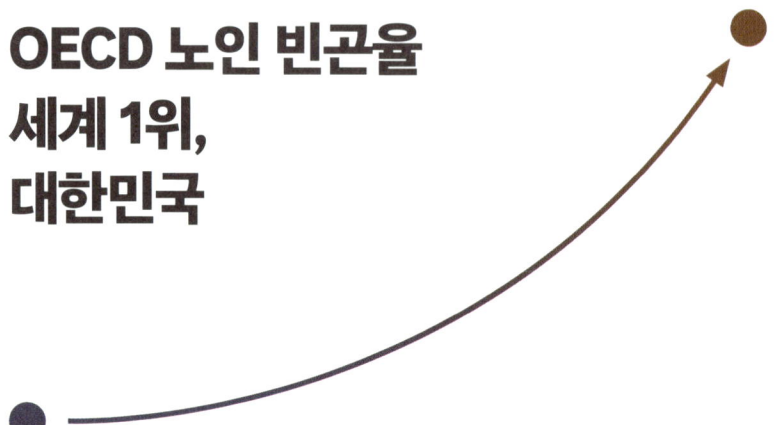

우리나라는 명실공히 부동산 공화국이다. 돈이 충분하다면 무엇보다 집을 먼저 사놓고 본다. 나도 비슷한 생각으로 결혼하면서 은행 대출로 아파트를 먼저 마련했다.

모두 같은 생각을 해서일까. 우리나라는 부동산, 특히 아파트 가격이 장기 우상향을 해왔고 투자 대상으로 여전히 인기가 높다. 서울에 똘똘한 아파트 한 채를 갖는 것이 여전히 많은 사람의 인생 목표일 정도다.

부동산 불패와 관련된 세대를 뛰어넘는 직간접적 경험 때문에 부동산 투자는 무조건 성공한다는 고정관념이 생겼고, 최근까지도 무리한 갭투자가 성행했다. 그래서일까. 선진국일수록 가계 자산 중 금융 자산 비중이 높아지는 경향이 있는데, 우리나라는 여전히 비금융 자산(부동산) 비중이 압도적으로 높다.

> **韓, 여전한 '아파트 불패 신화'···**
> **"가계 자산 80% 부동산 몰빵"** (한경 2024.04.17.)
>
> "우리나라 국민의 자산은 80%가 부동산에 묶여 있다. 세계적으로도 유례가 없는 수준이다. 부동산 비중이 30~40%인 선진국에 비해 두 배 이상 높다."

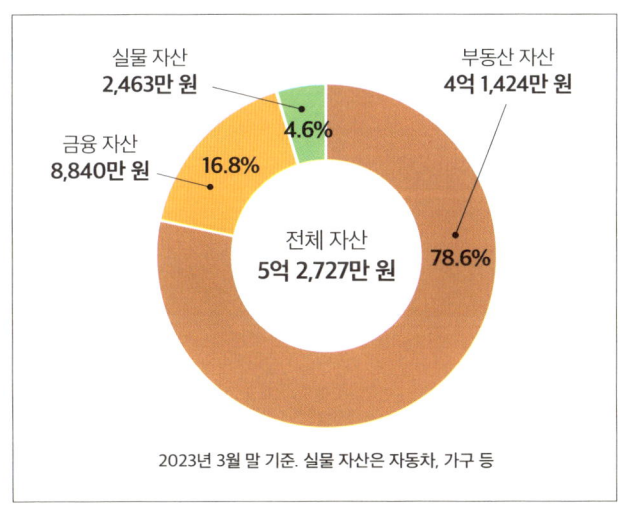

| 그림 11_ 우리나라 가계 자산 비중 (출처: 통계청) |

금융 자산이든 비금융 자산이든 많으면 됐지, 무엇이 문제일까? 부동산의 심각한 문제점 중 하나는 현금 흐름을 창출하지 않는다는 것

이다. 물론 부동산을 여러 개 보유하고 있으면 임대를 통해 소득을 얻을 수 있다. 하지만 전문 임대 사업자가 아닌 이상 대다수는 본인이 실거주 중인 부동산 하나만 보유하고 있다.

우리나라 노인 세대는 젊은 시기에 열심히 일해 얻은 소득으로 부동산을 우선으로 구매했기에 당연히 은퇴 후 어느 정도 자산은 보유하고 있다. 그런데 우리나라의 노인 빈곤율은 OECD가 관련 수치를 처음 발표한 2009년 이후 매년 OECD 국가 중 1위를 차지하고 있다.[5] 2020년 우리나라 노인 빈곤율은 40.4%로 OECD 회원국 평균 14.2%와 비교하면 세 배에 달할 정도다.[6] 노인 빈곤율이 40%를 넘는 곳은 OECD 회원국 중 한국이 유일하다.

| 그림 12_ OECD 회원국 노인 인구 소득 빈곤율 (출처: 문화일보 https://www.munhwa.com) |

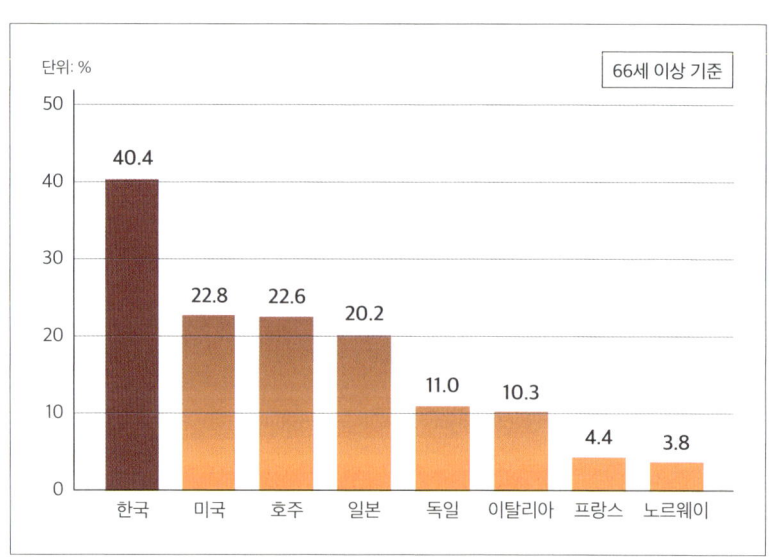

왜 그럴까? 노인 빈곤율 계산 시 보유 자산은 고려되지 않고 소득만 고려하기 때문이다. 즉 우리나라 노인 인구는 발 뻗고 편히 거주할 수 있는 부동산 하나는 있지만 현금 흐름이 없어 은퇴 후 빈곤하게 살 가능성이 높다. 아무리 비싼 부동산을 보유한다 한들 실거주 중이라면 발생하는 현금 흐름이 없기 때문에 비싼 관리비와 보유세에 허덕일 가능성이 높다. 반면 미국의 경우 401K[5] 은퇴연금 프로그램을 통해 금융 자산, 즉 주식을 장기투자하게 된다. 비록 401K 가입이 의무는 아니지만 가입하면 회사가 추가 적립을 해주고 세금 혜택도 있기 때문에 거의 모든 직장인은 가입한다고 봐도 무방하다. 장기투자 시 큰 시세 차익뿐만 아니라 배당이라는 정기적인 현금 흐름이 발생하기 때문에 미국 노인 인구는 우리나라 노인 인구보다 더 윤택한 은퇴 후 삶을 유지한다고 볼 수 있다.

물론 우리나라도 운용 중인 퇴직연금 프로그램이 있다. 하지만 수익률 측면에서 큰 차이를 보인다. 우리나라 퇴직연금 연평균 수익률은 지난 10년간 1.9%에 불과하지만, 미국과 호주의 경우 같은 기간 연평균 수익률은 각 7.0%, 8.5%에 달한다.[7] 무엇이 이런 차이를 만들까? 바로 주식투자 비중이다.

우리나라 퇴직연금은 자산의 88.7%가 예금이나 채권 같은 원리금 보장형 상품에 집중되어 있다. 반면 미국과 호주의 경우 자산의 70%가 주식에 집중되어 있다. 이러한 차이로 미국과 호주의 퇴직연금 연

---

5 미국에서 직장 재직 시 가입할 수 있는 은퇴연금 저축이다.

평균 수익률은 우리나라보다 약 4배 높다.

우리나라 최근 3년 물가 상승률은 다음과 같다.

2021년 2.5%
2022년 5.1%
2023년 3.6%

연평균 퇴직연금 수익률이 물가 상승률보다 낮으니 사실상 우리나라 국민의 퇴직연금 가치는 상승이 아니라 하락했다. 노후에 가용할 돈을 증식시켜야 할 퇴직연금이 거꾸로 돈을 증발시키고 있는 셈이다.

미국에서는 2024년 1분기 기준 연금 자산만 100만 달러가(약 13억 원) 넘는 고객이 48만 5,000명으로 역대 최대를 기록했다고 한다. 이들은 평균적으로 소득의 17%를 26년간 퇴직연금에 꾸준히 저축했다고 한다. 우리나라 국민보다 더 많은 금액을 더 오랜 기간 퇴직연금을 통해 주식에 꾸준히 투자한 것을 생각한다면 연금 부자가 우리나라보다 많은 건 당연하다.

다음은 우리나라 주택연금 가입 건수 추이를 나타낸 그래프다. 해가 지날수록 가입 건수는 가파르게 증가하고 있다. 이는 무엇을 의미할까?

주택연금 가입 건수가 계속 증가한다는 것은 노인 가구가 가용할 현금 흐름이 부족하다는 의미로 볼 수 있다. 생활비로 가용할 현금이 없어서 현재 거주 중인 집을 담보로 연금을 받는다.

| 그림 13_ 주택연금 가입 건수 추이 (출처: 한국주택금융공사) |

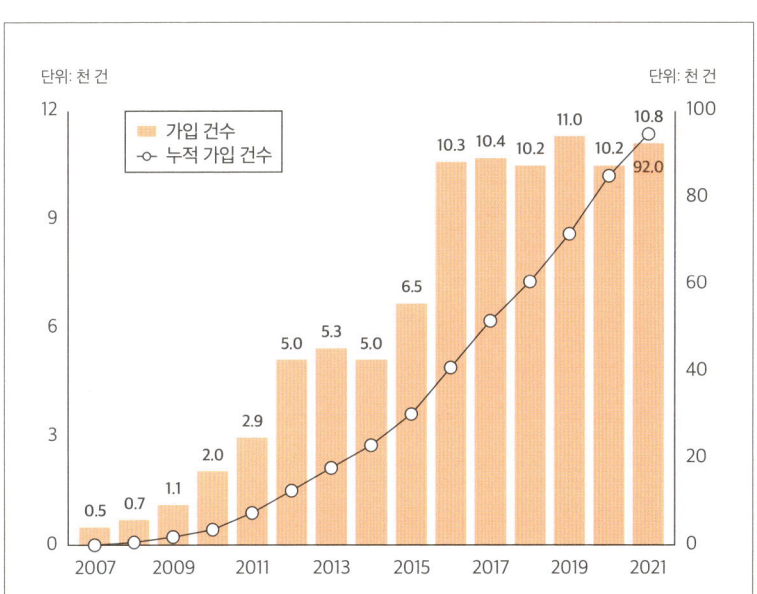

윤택한 노후와 빈곤한 노후 중 후자를 선택할 사람은 없을 것이다. 그런데 자발적이든 비자발적이든 우리나라 국민은 지금까지 후자를 선택한 경우가 더 많다. 지금이라도 늦지 않았다. 우리 자신뿐만 아니라 가족을 위해서라도 금융 자산에 더 많은 관심을 가져야 한다.

02

단기투자는
장기투자를 이길 수 없다

———

서점에 가면 장기투자보다는 단기 매매와 관련된 서적을 더 많이 찾을 수 있다. 오랜 시간이 걸리는 장기투자보다 당장 성과가 나오는 단기투자에 사람들이 더 많은 관심을 가지는 것은 당연한다. 하지만 단언컨대, 단기투자는 절대 장기투자를 이길 수 없다.

성공한
트레이더의
결말

　　1877년 미국 매사추세츠에서 태어난 제시 로리스톤 리버모어Jesse Lauriston Livermore, 1877-1940[8]는 이미 어렸을 때부터 트레이딩에 관심이 많았다. 15세 때부터 트레이딩을 시작했는데, 특정 주식의 실제 매매는 이뤄지지 않지만 주가의 상승 또는 하락 방향을 맞히는 버킷샵Bucket Shop[6]에서 거래를 시작했다. 사실상 도박장이나 다름없는 곳이었다. 그는 감각이 매우 뛰어났는지 엄청난 승률로 돈을 벌었다. 20세가 되었을 때의 누적 이익은 1만 달러에 도달했다. 3년 만에 1,000% 수익률을 달성한 것이다. 그의 너무 높은 승률 때문에 나중에는 버킷샵에

6　주식뿐만 아니라 곡물, 오일 등 원자재의 실제 거래 없이 가격의 상승 또는 하락 방향만 맞히는 베팅이 이뤄지는 장소. 사실상 도박장에 가깝다.

서 출입 금지를 당할 정도였다.

23세 때 실제 주식 트레이딩을 시작한 그는 '헤리스 허턴 앤 컴퍼니Harris, Hutton & Company' 주식 트레이딩을 통해 단 5일 만에 1만 달러로 4만 달러를 벌기도 했다. 이후 그는 주식 트레이딩뿐만 아니라 공매도까지 범위를 넓혀갔다. 높은 수준의 레버리지를 일으키며 매매했고 뛰어난 성과를 바탕으로 한때 엄청난 부를 이뤘다. 그 과정은 순탄치 않았지만 누가 봐도 그는 성공한 트레이더였다. 하지만 그의 끝은 비극이었다. 그는 생애 총 네 번의 파산을 겪었는데 결국 마지막 파산에서는 권총으로 자기 삶을 끝냈다.

그는 배우자에게 다음과 같은 유서를 남겼다. "나는 더 이상 싸우기 힘들어. 이게 유일한 탈출구야. 나는 당신의 사랑을 받을 가치가 없는 사람이야. 나는 실패자야. 진심으로 미안해. 하지만 이게 나의 유일한 탈출구야. 사랑을 담아, 로리가."

그는 한 권의 책을 남겼는데 제목은 '주식 매매하는 법How to Trade in Stocks'[9]이었다.

사실 극단적 선택으로 삶을 마감한 트레이더가 꽤 있다. 한 국내 주식 커뮤니티에서 필명 '시골국수'로 오랜 기간 활동한 트레이더는 한때 성공적인 매매로 부를 얻었지만 결국 마지막 매매에서 모든 돈을 잃었다. 결국 그는 본인이 활동하던 커뮤니티에 유서를 올리고 비극적 선택을 했다.[10]

이외에도 횡령이나 끔찍한 사건을 저지른 트레이더의 소식을 우리는 뉴스에서 심심찮게 볼 수 있다.

> **YTN, '614억 횡령' 우리은행 직원,
> 해외 선물옵션으로 318억 손실 (2022.05.09.)**
> 회삿돈 614억여 원을 횡령한 혐의로 구속된 우리은행 직원이 횡령액 가운데 절반 넘는 금액을 선물 옵션 상품에 투자했다가 손실을 본 것으로 파악됐습니다.
>
> ---
>
> **한겨레, 해외선물 억대 손실 30대 아들이 어머니 숨지게 해
> (2022.05.25.)**
> 경남 남해경찰서는 25일 어머니를 숨지게 한 혐의(존속살해)로 아들 ㄱ(30대)씨를 구속했다. … 아들 ㄱ씨가 해외 선물투자 실패로 4억 원가량 빚을 진 것도 확인됐다.

물론 소수의 성공한 트레이더도 분명 존재한다. 지금도 서점에 가면 단타로 10억 원을 벌었다, 15억 원을 벌었다는 식의 책이 수두룩하다. 아예 차원이 다른 트레이더도 있다. BNF[11]라는 이름으로 불리는 일본의 트레이더는 트레이딩을 통해 자산 규모를 1,000억 원 넘게 불렸다고 하니 놀라운 실력임은 분명하다.

그런 놀라운 성과를 보였다 해도 그들이 지속 가능하게 자산을 불릴 수 있을지 나는 상당한 의구심이 든다. 아니, 트레이딩은 지속 가능하지 않다는 데 확신이 있다. 트레이딩이 지속 가능해지려면 우선 승률이 과반을 계속 넘겨야 하는데 신이 아닌 이상 홀짝의 결과를 미리 다 알 수 없다. 그러니 트레이딩은 지속 가능하지 않다. 그나마 오랜 기간 살아남은 트레이더의 경우 이익이 나면 이를 현금화해 계좌

에서 빼놓고 트레이딩 규모를 일정하게 한정하는 전략을 구사한다. 예를 들어 자산 규모가 얼마든 간에 트레이딩 규모는 항상 1,000만 ~5,000만 원으로만 한정하는 것이다. 잃을 가능성이 있으니 투자 규모를 제한하여 생존 가능성을 높이는 전략이다. 몇 번 실패해도 재기할 금액이 남아 있기 때문이다. 하지만 시간문제일 뿐 결국 모든 트레이더는 잃게 되어 있다. 다 잃기 전에 깨달을 것인지, 다 잃고 나서 깨달을 것인지의 차이일 뿐이다.

천재적인 트레이더 BNF는 어떻게 됐을까? 그는 현재 대부분 자산을 부동산으로 전환했고 거기서 나오는 현금으로 은퇴 생활을 하고 있다. 그는 더 이상 트레이딩을 하지 않는다. 제시 리버모어와 달리 트레이딩이 지속 가능하지 않다는 것을 깨달은 성공한 트레이더인 셈이다. 모두가 박수 칠 때 그만두는 것이야말로 트레이더가 성공할 수 있는 유일한 길이다.

BNF가 이룬 1,000억 원 수준의 금액은 분명 굉장히 큰돈이다. 하지만 투자의 대가들이 장기투자로 이룬 성과에 비하면, 예를 들어 워런 버핏의 (2024년 기준) 1,300억 달러(한화 약 180조 원) 자산에 비하면 소소할 뿐이다.[12]

주식투자 대가들의 공통점

"10년을 보유할 주식이 아니면 단 10분도 보유하지 않는다"(워런 버핏).

"싼 주식은 사고 비싼 주식은 팔라"(벤저민 그레이엄).

"위대한 기업에 투자하라"(필립 피셔).

주식투자 대가들이 남긴 명언에서 우리는 많은 것을 배울 수 있다. 하지만 그 의미들이 가끔 상충하기도 하는데, 각자 다른 경험을 통해 성공했기 때문이다. 누군가는 가치주가 쌀 때 사서 성공했고, 누군가는 성장주를 통해 성공했다. 이렇듯 투자 세계에는 정답이 없다. 성공한 자의 명언만 남을 뿐이다.

그렇다면 우리는 어떻게 해야 할까? 주식투자 대가들은 서로 다른 투자 철학과 전략을 통해 성공했으나 분명 그들 간에 공통점은 있을 것이다.

주식투자 대가들은 다양한 종목에서 괄목할 만한 성과를 냈다. 필립 피셔는 모토로라를 통해 2,500배라는 믿기 어려운 수익을 냈다. 그가 모토로라를 보유한 기간은 무려 40년이다. 피터 린치는 던킨도너츠를 통해 15배 수익을 냈다. 린치는 던킨도너츠를 20년 이상 보유했다. 워런 버핏은 코카콜라를 통해 18배 수익을 내고 있을 뿐만 아니라, 투자 원금의 반에 해당하는 배당금을 매년 받고 있다. 버핏은 코카콜라를 36년째 보유 중이다.

투자 철학과 전략은 조금씩 달랐지만, 위대한 투자가들의 공통점이 하나 있다면 그들 모두 장기투자자였다는 것이다.

그들 모두 투자를 시작하면 기업이 성장하고 성과를 낼 수 있을 때까지 충분히 인내했다. 투자하는 동안 주가가 큰 폭으로 하락해도 기업의 본질 가치가 변한 게 없다면 투자를 유지했다. 피터 린치의 경우 미국 국책 모기지 보증 업체인 패니메이Fannie Mae에 10년 이상 투자했는데, 투자 기간 중 총 세 번 반토막이 났다(전고점 대비). 그럼에도 불구하고 투자를 이어갔고 결국 큰 성과를 이루었다.

다음은 주가 하락에 대한 버크셔헤서웨이Berkshire Hathaway 전 부회장 찰리 멍거의 생각이다.

질문자: 버크셔헤서웨이 주식 가격이 크게 떨어진 것에 대해 걱정하십니까?

찰리 멍거: 전혀 걱정 안 합니다. 저는 장기투자자가 주식 가격의 50%까지 하락을 겪는 것은 장기투자의 자연적인 현상이라고 생각합니다.

우리가 장기투자를 해야 하는 이유는 투자가 길어질수록 기업의 성장 과실을 온전히 다 얻을 수 있기 때문이다. 투자하는 동안 발생하는 배당금을 재투자한다면 기간이 길어질수록 복리 효과로 자산이 커지는 속도가 가속된다. 자산 증식의 가속도는 전체 자산에 적용되며 거래 규모를 항상 일정하게 제한하는 트레이딩 전략에 비해 시간이 흐를수록 수익의 차이는 비교할 수 없을 정도로 커진다.

장기투자는 다음과 같은 4단계의 닭고기 생산 과정에 비유할 수 있다.

알 → 병아리 → 영계 → 닭

닭은 점점 커져 나중에는 특대 사이즈가 될 것이다. 물론 실제로는 무거울수록 비싸지는 것은 아니지만 가격이 무게와 정비례한다고 가정해보자.

어떻게 해야 수익을 최대화할 수 있을까? 우선 씨암탉을 키워 자체적으로 알을 생산하고 병아리를 부화시키는 것이다. 그리고 병아리 중 일부는 씨암탉으로 키워 닭의 수를 늘리고 일부는 잘 키워서 특대 사이즈가 될 때 파는 것이다. 이 과정을 반복하면 생산되는 알과 특대 사이즈 닭은 계속 증가할 것이다. 저평가받는 우량 배당주를 장기간 보유해 그 배당금으로 주식을 계속 사 모으다가, 주식이 시장에서 제 값 이상의 평가를 받을 때 파는 것과 별반 다르지 않다.

상식적으로 당연한 이야기인데, 투자에서 많은 사람이 장기적 접근보다 단기적 접근을 선호한다. 주식투자를 벼락부자가 되는 도박으로 보기 때문일 것이다. 아래는 국내 대형 증권사의 주간 매수 Top 10 종목 리스트다. 엔비디아Nvidia와 테슬라Tesla를 제외하면 모두 2배 또는 3배짜리 방향성에 베팅하는 ETF뿐이다. 기간을 변경해도 종목은 크게 바뀌지 않는다.

도박의 수단으로 주식투자에 접근하면 결국 도박이 될 뿐이다. 하

| 그림 14 _ 국내 증권사 주간 매수 상위 종목 리스트 |

순위	이전대비	종목코드	종목명	현재가	분석
1	-	SOXL	미국 반도체 3배 디렉시온 ETF	38.7900	분석
2	↑ 1	NVDL	엔비디아 2배 그래닛셰어즈 ETF	58.3900	분석
3	↑ 1	NVDA	엔비디아	119.3700	분석
4	↓ 2	SOXS	미국 반도체 인버스 3배 디렉시온 ETF	22.0700	분석
5	-	TQQQ	QQQ 레버리지 3배 프로셰어즈 ETF	68.6100	분석
6	-	TSLA	테슬라	214.1100	분석
7	-	TSLL	테슬라 레버리지 2배 디렉시온 ETF	9.6300	분석
8	↑ 9	NVDQ	엔비디아 인버스 2배 T-REX ETF	5.1700	분석
9	↑ 2	BITX	비트코인 2배 ETF	25.6400	분석
10	↓ 1	TMF	미국채 20년 레버리지 3배 디렉시온 ETF	55.5700	분석

지만 도박의 수단이 아니라 투자로 접근하면 부를 쌓는 데 이보다 훌륭한 수단은 없다. 물론 이 과정에서 장기투자는 선택이 아니라 필수다.

장기투자 역시 쉽지만은 않다

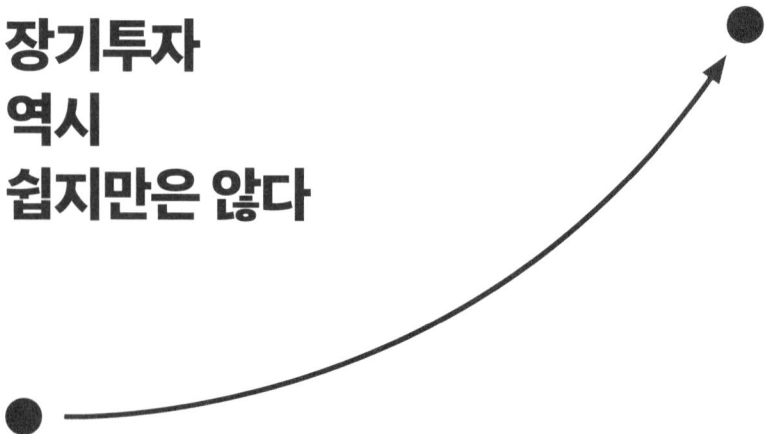

얼핏 보면 장기투자가 트레이딩보다 훨씬 쉬워 보인다. 트레이딩은 계속 호가창을 보며 수시로 매매해야 하지만 장기투자는 주식을 사놓고 기다리기만 하면 되기 때문이다. 하지만 막상 장기투자를 시작하면 말처럼 쉽지 않다는 걸 알 수 있다. 우리 인간 본능에 반하는 행위이기 때문이다.

우리 대다수는 주식에 투자하고 평가 이익이 발생하면 어떻게든 조기에 팔아서 이익을 확정하고 현금으로 보유하려는 경향이 강하다. 주가는 매일같이 변동하지만, 현금은 표면 금액이 고정되어 있기 때문이다. 인간은 불확실성을 본능적으로 싫어하기에 자연스러운 행동이다.

투자 기간이 길어진다는 것은 불확실한 기간이 길어진다는 것을 의미한다. 불확실성을 싫어하는 사람일수록 이렇게 긴 기간은 버티기가 어렵다. 이런 불확실성을 조기에 끝내고 싶은 욕구가 발생하고 결국 장기투자를 포기하게 된다. 그리고 정기예금이나 CMA 같은 상품으로 교체하고서야 마음의 안정감을 되찾는다. 하지만 진정 부자가 되기를 원한다면 사고방식을 바꿔야 한다. 주가는 매일 변동하지만 이를 자연스럽게 받아들여야 한다. 평가금액이 매일 변동하더라도 주식 수는 변하지 않는다. 기업의 오너처럼 부를 평가금액이 아니라 주식 수로 생각하는 변화가 필요하다.

장기투자가 쉽지 않은 다른 이유는 투자 기간이 길수록 주위로부터 조롱을 받기 때문이다. 특히 투자한 종목의 흐름이 좋지 못할 때 조롱은 극에 달한다. 피터 린치는 말했다. "투자의 성공 여부는 얼마나 오랫동안 세상의 비관론을 무시할 수 있는지에 달렸다."

2020년은 코로나19로 인한 석유 수요 급감으로 원유 선물 가격이 배럴당 마이너스를 기록하는 등 오일 섹터 기업에게 최악의 해였다. 이 틈을 타 테슬라에 투자하던 아크 인베스트먼트Ark Investment CEO 캐시 우드Cathie Wood는 같은 해 7월에 다음과 같은 말을 트위터(현 엑스)에 남겼다.

"석유 수요는 아마도 작년에(2019년) 사상 최고치를 기록했을 것입니다. 그리고 전기차 덕분에 석유 수요는 이제 장기적인 하락기에 접어들었습니다. ARK는 석유 가격에 대한 공식 전망은 없지만 저는 원유 가격이 1973년 석유 위기 사태 이후 폭락한 때와 같은 배럴당 12달

| 그림 15_ 캐시 우드 트위터 |

러 수준 혹은 그 이하로 하락을 이어갈 것이라 믿습니다. 전기차 대중화가 시작되었기 때문입니다." 2020년 7월 당시 원유 가격은 배럴당 약 40달러였다.

개인적 의견이라는 전제를 달긴 했지만, 사실 이 말은 수많은 오일 섹터 투자자를 조롱하는 것과 다름없다. 전문 투자자이자 자산 운용사 CEO인 사람이 "이제 석유 수요는 내려갈 일밖에 없다"고 조롱하는데, 그런 상황에서 편안한 마음으로 오일 섹터에 장기투자를 이어갈 사람은 많지 않다.

나 또한 비슷한 경험을 많이 했다. 2014년 장기투자를 시작하면서, 내가 운영하는 블로그나 유튜브에 수많은 사람이 조롱했다. 엑슨모빌 주식을 사 모을 때는 "전기차 시대에 왜 석유 기업 주식을 사냐?" 하나금융지주 주식을 사 모을 때는 "성장성도 없고 이자 장사나 하는 기업 주식을 도대체 뭘 보고 사냐?"는 등의 비판을 받았다. 이처럼 남들로부터 반복적인 조롱을 받다 보면 "혹시 내 생각이 틀렸나?"라는 의문이 들고, 그로 인해 장기투자를 포기하고 싶어지는 순간도 생기기 마련이다.

하지만 다른 사람의 의견 때문에 이미 시작한 장기투자를 중단하는 것이야말로 가장 피해야 할 일이다. 남의 의견을 무조건 무시하라는 것이 아니다. 참고는 하되 내가 왜 해당 기업에 장기투자를 하기로 했는지 초심을 되새기고, 변경 사항이 없다면 장기투자를 꿋꿋이 이어가면 된다.

내 경우 기업의 본질가치에만 집중하고 장기투자를 이어갔다. 그 결과 엑슨모빌과 하나금융지주는 내 주식 자산이 크게 성장하는 데 핵심적인 역할을 해왔다. 주가 상승으로 자산이 성장했고, 매년 늘어가는 이들 기업의 배당금으로 주식을 더 사 모으다 보니 자산은 더 빠르게 성장했다.

다음의 그림은 장기투자의 계획과 현실을 비교한 그림이다. 장기투자는 평평한 길을 가는 것이 아니라 수많은 시험과 고난이 있는 길을 가는 것이다. 요동치는 주가 호가창은 투자자의 마음을 이리저리 흔든다. 주위 사람들은 온갖 조롱으로 장기투자자의 마음을 흔든다. 그러니 장기투자를 시작하기로 했다면 마음을 단단히 먹자. 그리고 본인만의 확고한 투자 철학이 안전띠가 될 것이다. 장기투자는 쉽지 않다.

| **그림 16**_ 장기투자 계획 대 현실 (출처: https://planningcapital.com/investing-for-the-long-haul) |

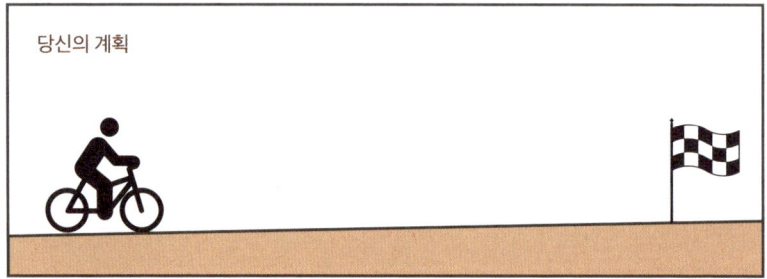

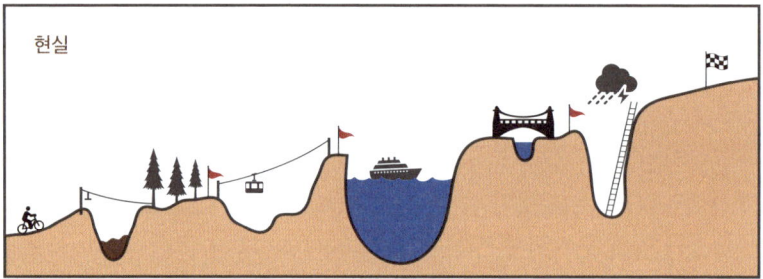

개인에게
유리한
장기투자

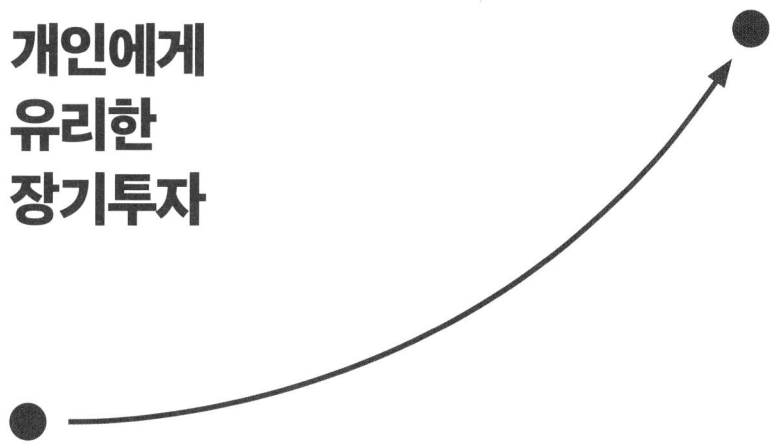

　우리 같은 개인 투자자는 다른 투자 주체에 비해 몇 가지 큰 장점을 가지고 있다. 이를 잘 활용하면 효율적이면서 효과적인 장기투자 성과를 얻을 수 있다.

　우리는 시간 부자다. 투자에 있어 마감 시한 같은 건 없고 원한다면 죽을 때까지 평생 장기투자를 계속할 수 있다. 하지만 펀드 매니저와 같은 기관 투자자는 정해진 시간 안에 벤치마크보다 높은 초과 수익률을 달성해야 한다. 그들은 자금의 온전한 주인이 아니다. 그래서 한가하게 투자할 수가 없다. 초과 수익률 달성을 위해 항상 뭔가를 해야 하고 시간에 쫓긴다. 따라서 한가하게 배당이나 받으면서 장기투자를 이어가기가 힘들다. 그들은 투자를 하는 월급쟁이이며 몇 종목만 사놓고 기다릴 수 없는 입장이다.

초과 수익률을 달성해야 하기에 보유한 저평가 우량주가 상승은커녕 추가 하락한다면, 더 사 모아야 할 시점에 어쩔 수 없이 팔아야 할 수 있다. 하지만 우리는 시간을 자유롭게 쓸 수 있으므로 이들보다 훨씬 안정적인 장기투자를 이어갈 수 있다. 설사 보유한 저평가 우량주가 반토막 난다 한들 여유자금이 있다면 계속 사 모아도 제약이 없다. 내 돈으로 내가 주식을 더 산다는데 누가 뭐라 할 것인가.

앞에서 설명했듯이 코로나19 발생 후 1년이라는 짧은 기간 동안 나의 주식 자산은 10억 원에서 20억 원으로 두 배가 되었다. 코로나19로 증시가 폭락하던 시기에 내 주식 자산은 거의 반토막 났지만, 오히려 주식을 더 매수함으로써 큰 성과를 얻었다. 개인 투자자였기에 가능한 선택이었다. 내가 펀드 매니저였다면 추가 매수는커녕 빗발치는 해지 주문과 추가 하락에 대한 대비로 주식을 더 팔았야 했을 것이다.

우리 같은 개인 투자자는 민첩하게 그리고 자유롭게 행동할 수 있다. 수백억 원 또는 수천억 원을 운용하는 기관 투자자라면 자금 규모 때문에라도 장기투자를 할 종목이 제한된다. 아무리 좋은 우량주라도 거래대금이 작다면 기관 투자자로서는 투자가 곤란하다. 하지만 개인 투자자는 자유롭다. 시가총액이나 거래대금과 상관없이 오롯이 기업의 본질가치에만 집중하여 장기투자를 이어갈 수 있다.

거래대금이 작아도 기관 투자자가 투자했다고 치자. 그러다 상황이 바뀌어 매도해야 한다면 어떨까? 거래대금이 작기에 기관 투자자는 물량을 한 번에 모두 매도할 수 없을 것이다. 그랬다가는 주가가 더 큰 폭으로 하락하기 때문에 물량을 조금씩 서서히 정리해야 한다. 하지만 개인 투자자는 장기투자를 이어가다가 상황이 변경되어 매도해야 할 때 훨씬 민첩하게 주식을 정리할 수 있다.

주식을 많이 보유한 재벌은 어떨까? 그들 역시 일종의 장기투자를 이어가고 있지만 오너로서 기업을 경영해야 하기에 주식 처분이 쉽지 않다. 하지만 개인은 기회가 오면 언제든 다른 저평가 주식으로 교체할 수 있다.

다시 말하지만, 우리는 시간이 많다. 시간이 많은데 굳이 시간에 쫓기는 기관 투자자처럼 투자할 이유가 없다. 그런 기관 투자자에게 수수료까지 주며 투자할 이유는 더더욱 없다. 시간이 많은 우리의 장점을 살려 복리 효과를 극대화하는 데 충분히 시간을 투자한다면 분명 좋은 성과로 이어질 것이다.

2014년 본격적으로 장기투자를 시작하기 전에 나는 수많은 시행착오를 겪었다. 단시간에 많은 돈을 벌고 싶은 마음에 ELW, FX마진 그리고 해외선물까지 지금 생각해보면 위험한 파생상품 거래를 장기간 했고, 단맛도 쓴맛도 여러 번 봤다. 다행히 파생상품 거래에서 지금까지의 누적 이익은 플러스를 기록하고 있지만 운이 좋았을 뿐 장기간 거래를 이어간다면 결국 잃게 되리라는 것 또한 알고 있다. 그런 면에서 이 책을 읽는 당신은 나보다 훨씬 유리한 위치에 있다. 불필요한 단기 매매 시행착오를 거칠 필요 없이 나보다 많은 시간 동안 온전히 장기투자할 수 있다. 더 오래 투자할수록 복리 효과에 의해 자산은 상상 이상으로 커질 수 있다.

워런 버핏의 현재 나이는 94세다. 그의 자산 99%는 65세 이후에 형성되었다.[13] 2024년 기준 그의 자산 평가액은 1,300억 달러(한화 약 180조 원)임을 감안하면, 그가 65세 때 보유한 자산은 약 13억 달러였다. 이미 그때도 부자였지만 65세 때 장기투자를 멈췄더라면 지금과 같은 세계적인 자산가는 되지 못했을 것이다. 우리는 버핏보다 남은 시간이 많다. 그러니 그 시간을 잘 활용해보자.

누구나 부자가 될 수는 있지만 누구나 부자로 남을 수는 없다

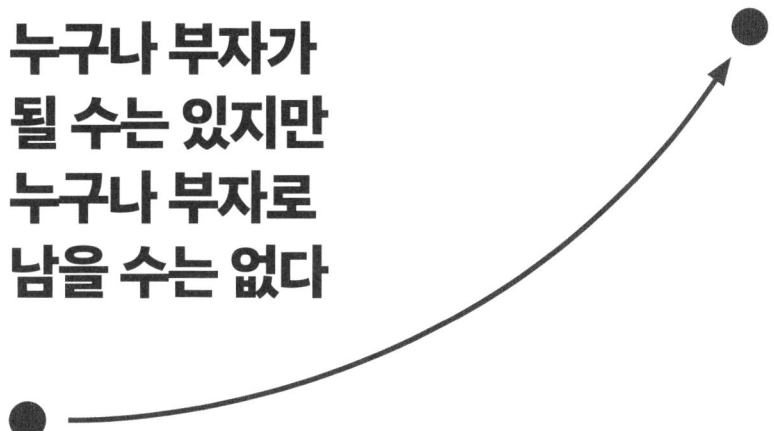

　NBA 농구 선수들의 2024년 평균 연봉은 약 165억 원으로 알려져 있다.[14] 그들은 은퇴 후 충분히 부자로 살 수 있다. 하지만 놀랍게도 그들 중 60%는 은퇴 후 5년 안에 파산한다고 한다. 미국에서 인기가 많은 NFL 풋볼 선수들의 경우는 더 심각하다. 선수 중 78%는 은퇴 후 2년 안에 파산한다고 한다.[15] 이유는 간단하다. 운동밖에 모르던 선수가 갑자기 엄청나게 늘어난 소득을 주체하지 못하고 흥청망청 쓰기 때문이다. 또한 은퇴 후 소득이 크게 줄었음에도 생활 수준은 그대로 유지하기 때문에 시간이 지날수록 자산은 가파르게 감소한다.

　파산은 운동선수에게만 국한된 이야기가 아니다. 앞서 살펴본 제시 리버모어 역시 엄청난 부를 이뤘지만 결국 모든 것을 잃고 극단적 선택을 했다. 그 역시 자산이 많이 증가하자 1900년대 초 당시로는 엄청나게 비싼 20만 달러짜리 요트를 사는 등 호화 생활을 유지했다. 자산이 충분한데도 만족하지 못하고 여전히 높은 레버리지를 동반한 위험한 트레이딩을 반복했고 결국 모두 잃었다.

노벨 경제학상 수상이라는 엄청난 이력을 가진 경제학자 두 명이 파트너로 참여한 헤지펀드 LTCM Long Term Capital Management은 그들의 혁신적 트레이딩 방법으로 1993년 설립 이후 많은 돈을 벌었다. 그러나 1998년 전혀 예상할 수 없었던 러시아의 모라토리움 선언으로 4개월 만에 46억 달러를 잃고 파산했다.[16]

앞에서 말했듯 본인도 2011년 3월 동일본 대지진으로 당시까지 누적된 트레이딩 이익을 며칠 만에 모두 잃었다. 예측 불가능한 자연재해나 국제적 이벤트는 국제 금융 시장을 뒤흔들고 결국 트레이더 중 누군가는 큰 피해를 볼 수밖에 없다. 트레이딩은 마치 러시안룰렛과 같다. 몇 번은 피해도 언제든 다음 피해자가 될 수 있다.

워런 버핏은 지난 58년간 잃지 않는 투자를 이어가고 있다. 연평균 20%[17]라는, 트레이더에게는 그리 놀랍지 않은 수익률이지만 꾸준히 자산을 성장시킨 결과, 2024년 기준 그의 자산은 약 180조 원을 기록하고 있다. 또한 그는 매우 검소한 생활을 지금도 유지하고 있다. 1958년 3만 1,500달러에 구매한 주택에서 65년째 거주 중이고, 2014년형 캐딜락 승용차를 10년째 사용 중이다.

왜 부자가 된 사람 중 누구는 파산하고, 누구는 계속 부자로 남을 수 있을까? 정답은 지속 가능성에 있다. 돈이 아무리 많다 한들 소득

| 그림 17_ 워런 버핏의 연평균 수익률 (출처: https://finance.yahoo.com) |

> Investing legend Warren Buffett is renowned for generating oversized returns. From 1965 to 2023, his company Berkshire Hathaway has delivered compounded annual gains of 19.8%, substantially outperforming the S&P 500's 10.2% annual return during the same period. 2024. 5. 16.

보다 지출이 크면 자산이 줄어드는 것은 자명한 결과다. 기업의 본질 가치에 기반한 투자가 아닌 단순히 기초자산의 방향에 베팅하는 것은 신이 아닌 이상 지속 가능하지 않다.

무엇이 지속 가능한지 아닌지는 사실 초등학교 저학년도 금방 알 수 있다. 그만큼 간단하다. 소득보다 낮은 지출은 지속 가능하다. 마찬가지로 수입이 지출보다 큰 기업은 지속 가능하다. 지속 가능한 기업에 장기투자하는 것 역시 지속 가능하다. 그런 기업은 기업 내에 돈이 쌓이기 때문에 배당이나 자사주 매입 및 소각 등 주주환원에 적극적일 가능성이 높다. 그런 기업에 장기투자하면서 누적되는 배당금으로 주식을 계속 사 모으다 보면 높은 확률로 자산이 계속 성장할 것이다.

간단명료하지만 이를 적용하기는 쉽지 않다. 단기간에 자산을 크게 불리기를 원하는 탐욕 때문이다. 탐욕은 지루한 장기투자보다 한 번의 매매로 큰 이익을 얻을 수 있는 변동성 큰 주식을 매매하라고 우리를 항상 유혹한다. 하지만 투자를 긴 호흡으로 보고 우리 안에 있는 탐욕을 충분히 억제할 수 있다면 누구나 지속 가능한 투자를 할 수 있다.

THE ACCELERATED INVESTING FORMULA

3장

평생 하는
투자

01

평생
투자자

월요일 아침에 회사에 출근하는 사람의 마음은 무겁다. 학생 때는 방학이라도 있었는데, 쉬지 않고 일하는 이 생활을 과연 언제까지 해야 할까? 나 역시 이런 질문을 스스로에게 수없이 했다. 월급을 받아야 생활이 유지되는 우리는 사실 돈의 노예다. 돈의 노예가 아닌 돈의 주인이 되려면 일하지 않아도 꾸준히 돈이 생겨야 한다. 그러려면 투자를 해야 한다. 경제적 자립을 위해서라도 우리는 평생 투자해야 한다.

투자 안전마진

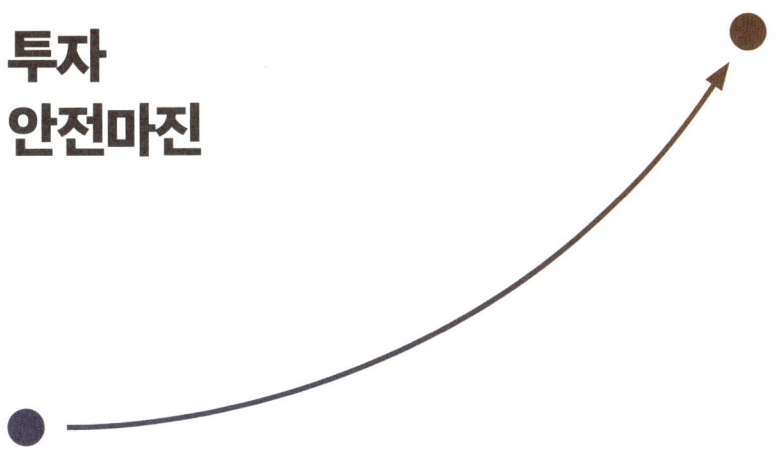

20년이 훌쩍 넘었지만, 대학에서 들었던 강의 중 여전히 기억나는 내용이 하나 있다. 승강기 케이블 안전 계수Safety Factor에 대한 이야기다. 안전 계수란 혹시 있을지 모르는 결함에 대비해 설계 시 필요한 수치보다 넉넉한 오차 범위를 설정하는 비율을 의미한다. 설계 시 500kg을 기준으로 했더라도 안전 계수를 2로 정하면 1,000kg까지 버틸 수 있게 만드는 것이다.

만에 하나 승강기의 케이블이 끊어지기라도 하면 대참사로 이어지기 때문에 승강기의 경우 안전 계수를 크게 설정한다. 그래서 일반적으로 적용되는 승강기 케이블의 안전 계수는 무려 11이다(승강기 제조사마다 다를 수 있다). 즉 적정 인원의 무게보다 무려 11배까지 버틸 수 있도록 설계된다. 승강기에 사람들로 가득 차 무게 초과 경고음이 들리더라도 케이블이 끊길 가능성은 0에 가까우니 걱정할 필요가 없다.

투자에도 비슷한 개념으로 투자 안전마진이 있다. 본질가치가 1만 원인 주식을 5,000원에 샀다면 안전마진은 5,000원이 된다. 다른 말로 주식이 저평가될수록 안전마진이 커진다는 뜻이다. 워런 버핏이 제안한 개념으로 본질가치보다 아주 낮은 가격으로 거래되는 저평가 주식을 매입하면 잃지 않을 가능성이 커진다.

당연한 이야기다. 하지만 주가의 본질가치를 산정하기란 쉽지 않다. 기업의 성장성, 이익 창출력, 자산 가치, 배당수익률, 주주환원 의지 등 본질가치에 영향을 끼치는 수많은 요인이 있다. 그리고 수치로 나타나지 않는 부분은 주관적 판단이 개입될 수밖에 없으므로 산정된 기업의 본질가치 또는 주식의 적정 가격은 사람마다 다르게 판단할 것이다.

| 그림 1_ 워런 버핏이 제안한 안전마진 |

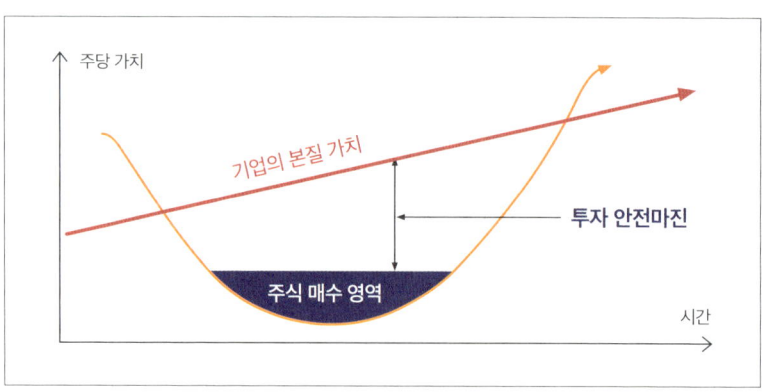

주식의 적정 가격 산정이 어렵다면 저평가 여부 또한 파악하기가 어렵다. 우선 적정 가격을 알아야 시장에서 거래되는 가격이 저평가 됐는지 아닌지를 알 수 있기 때문이다. 저평가 여부를 알지 못하니 투자 안전마진 역시 파악하기 어렵다.

하지만 저평가 여부를 판단하기 어렵다 해도 안전마진을 확보할 방법은 있다. 기업의 지속적인 이익 창출력에 기반한 배당에 집중하는 것이다. 주가는 매일 변동하기에 투자 수익률 또한 매일 변동한다. 실제로 주식을 팔아서 수익을 실현하지 않는 한 투자 수익은 확정되지 않는다. 하지만 배당은 지급일에 확정된 금액이 입금되며, 주식을 계속 보유한다면 배당금은 계속 누적된다. 따라서 지속적인 배당에 기반한 장기투자는 투자 기간이 길수록 더 큰 안전마진을 확보해준다. 배당금으로 투자 원금이 회수되는 단계에 도달하면, 이제 잃고 싶어도 잃을 수 없는 투자가 되는 것이다. 물론 그 단계에 도달하려면 아주 긴 투자 기간이 필요하다.

다음 페이지의 그림은 미국 시장에서 주식이나 채권 또는 50:50으로 주식과 채권을 보유했을 때, 보유 기간에 따른 연평균 총 수익률(누적 배당 수익률 + 평가 수익률) 범위를 나타낸 도표다. 조사 기간은 1950년부터 2012년까지다.

주식을 1년 동안 보유한다면 연평균 총수익률 범위는 −37% ~ +51%이다. 어느 해에 투자했느냐에 따라 큰 수익을 볼 수도 큰 손실을 볼 수도 있다. 보유 기간이 길수록 연평균 총수익률 범위는 좁아지는 경향을 보인다. 동시에 수익률 하한선은 상승하는 경향을 보이는

| 그림 2_ 자산 보유 기간에 따른 연평균 총 수익률 범위 (1950-2012) (출처: JP Morgan) |

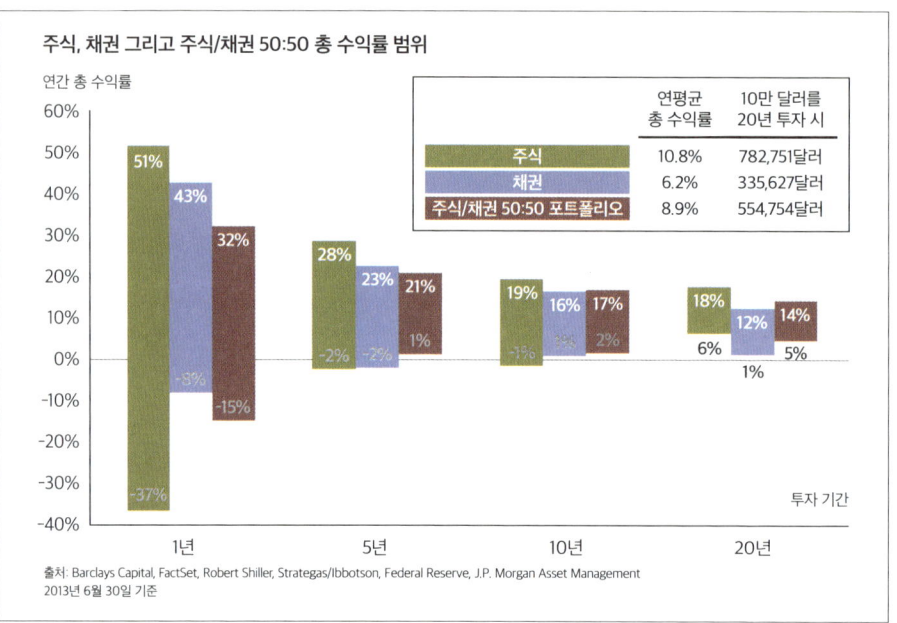

데 주식을 20년간 보유한다면 연평균 총수익률 범위는 +6% ~ +18%가 된다. 하한선이 +6%라는 건 어느 시점에 투자했는지와 상관없이 투자가 손실 날 가능성은 전혀 없으며, 최소 연평균 6% 이상의 속도로 자산이 불어난다는 의미다. 투자 기간이 길수록 수익률 하한선 역시 더 높아진다고 추정할 수 있다.

비슷한 맥락의 조사는 많다. 다음의 도표는 1929년부터 2024년까지 S&P500 보유 기간에 따른 투자 손실 발생 가능성을 조사한 것이다.

S&P500 자산을 하루만 보유한다면 투자 손실 가능성은 46%이지만 보유 기간이 길수록 투자 손실 가능성은 점차 줄고, 보유 기간이

| 그림 3_ S&P500 보유 기간에 따른 투자 손실 가능성 (1929-2024) (출처: Bloomberg) |

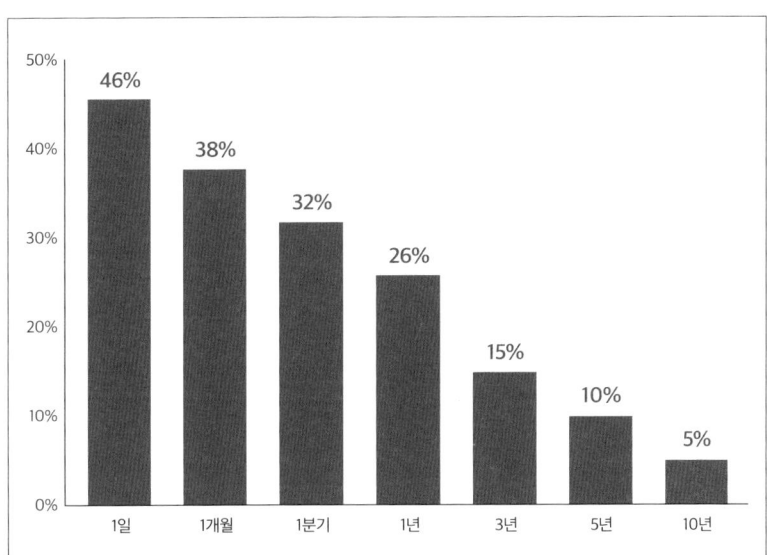

10년이 되면 투자 손실 가능성은 5%로 확연히 준다. 보유 기간이 10년보다 길어지면 손실 가능성은 점차 줄어 결국 0%가 될 것이라 추정할 수 있다.

마지막으로 도표 하나를 더 보자. 다음은 1871년부터 2018년까지 미국 주식 보유 기간별로 플러스 수익률을 낸 비율을 조사한 것이다.

주식을 하루 보유하면 플러스 수익률일 가능성은 52%이지만 보유 기간이 길수록 플러스 수익률 가능성은 점차 높아진다. 그리고 주식을 20년 이상 보유하면 플러스 수익률을 낼 가능성은 무려 100%가 된다. 절대 잃을 수 없는 투자가 되는 것이다.

왜 보유 기간이 길수록 투자 손실 가능성은 작아질까? 비밀은 누적 배당금, 즉 안전마진에 있다. 장기투자를 하면 기업의 성장 과실을 온전히 다 얻을 수 있고, 기업이 성장함에 따라 배당금까지 같이 커질 가능성이 높아진다. 시간이 흐를수록 안전마진 역시 같이 커지며, 보유 기간이 충분히 길어진다면 결국 잃을 수 없는 투자 단계에 도달한다.

내가 투자 중인 여러 기업 중 페트로브라스PetroBras라는 브라질 국영 석유 기업이 있다.[1] 브라질 증시에서 시가총액이 가장 큰 기업으로 우리나라로 치면 삼성전자의 위치에 있는 기업이다. 이 기업은 글로

| 그림 4_ 미국 주식 보유 기간별로 플러스 수익률을 낸 비율 (출처: 《불변의 법칙》, 서삼독, p. 195) |

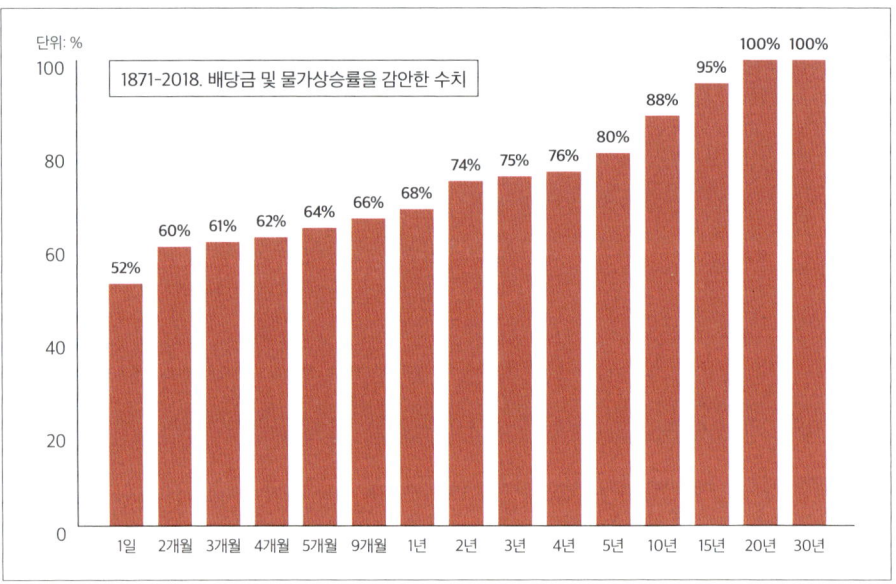

---

1 정확히는 반관반민 기업이다. 브라질 정부가 직간접으로 약 40%를 소유하며, 나머지 60%는 민간이 소유하고 있다. 미국 증시에 ADR 형태로 상장되어 있다. ADR은 American Depositary Receipts의 줄임말로 미국 주식예탁증서를 의미한다.

벌 석유 대기업 중 배당수익률이 비교적 높다고 알려져 있다.

내가 페트로브라스 우선주 주식을 사 모은 지 이제 2년이 조금 넘었다. 투자를 시작한 후 부진한 주가 흐름으로 상당 기간 평가 손실을 기록했지만, 좋은 실적이 꾸준하게 나온 결과 주가는 느리지만 상승 추세를 이어가고 있다. 현재 투자 수익률은 17.9%로(2024년 7월 9일 기준, 환차익 포함) 투자 기간에 비해 수익률이 높은 편은 아니다. 하지만 그동안 받은 배당금을 포함하면 내용이 달라진다. 투자 원금 대비 누적 배당금 수익률은 무려 42%나 된다. 현재 평가 수익률 17.9%를 합산하면 총수익률은 59.9%이다. 2년이라는 투자 기간을 고려한다면 나쁘지 않은 결과다.

누적 배당금 수익률 42%는 설사 주가가 나의 평균 매수 단가보다 42% 더 하락해도 손실이 생기지 않는다는 의미다. 페트로브라스의 이익 창출력이 워낙 뛰어나기에 나의 평균 매수 단가보다 크게 하락할 일은 없어 보이지만 그런 일이 발생하더라도 나는 이미 42%의 안전마진을 확보한 셈이다.

페트로브라스는 앞으로도 높은 배당 수익률을 안정적으로 유지할 것으로 보인다. 그러니 투자가 길어질수록 나의 투자 안전마진도 더 커질 것이다. 시간이 충분히 지나 누적 배당금 수익률이 100%를 초과한다면 나는 워런 버핏의 코카콜라 투자 사례처럼 절대 잃을 수 없는 투자를 이어갈 수 있다.

배당이라고
다 같은 배당이
아니다

앞서 배당의 중요성에 대해 살펴보았다. 배당금은 투자 안전마진을 제공하며, 재투자에 사용하면 복리 효과를 기대할 수도 있다. 또한 은퇴 후에 월급이라는 근로소득이 없어지더라도 장기투자를 이어갈 수 있게 해주는 중요한 동력이 된다. 배당의 중요성이 점점 더 주목받다 보니 최근에는 높은 배당 수익률을 앞세운 월배당 ETF Exchange Traded Fund 상품이 많이 출시되었다. 하지만 조심해야 한다. 배당이라고 다 같은 배당이 아니다.

연배당 수익률 10%에 가까운 월배당 ETF는 대부분 커버드콜 Covered Call 상품이다. 투자금 중 일부는 파생상품에 투자하고 여기서 발생하는 이익을 투자자에게 월 배당금 형태로 분배한다.[2]

커버드콜은 특정 기초자산을 매수하는 동시에 해당 자산의 콜옵션 매도를 한다.[3] 콜옵션 매도를 통해 약간의 프리미엄[4]을 받을 수 있지만 혹시라도 기초자산이 상승하면 프리미엄보다 더 큰 손해가 발생할 수 있다. 하지만 기초자산도 보유하고 있으므로 기초자산 상승분에서 콜옵션 손해금을 제한 금액만큼 ETF 이론 가격은 상승한다.

> 기초자산 상승 시: 기초자산 상승분(+) + 콜옵션 매도 프리미엄(+) + 콜옵션 손실금(-) = ETF 이론 가격

상승은 하되 기초자산 상승분을 온전히 다 반영하지는 못하는 구조다. 콜옵션 손실금이 콜옵션 매도 프리미엄보다 더 클 경우, 상황에 따라서는 기초자산을 일부 팔아서 월 배당금을 투자자에게 지급해야 할 수도 있다. 제 살을 깎아 분배하는 셈이다.

주의해야 할 점은 기초자산이 너무 가파르게 상승하면 ETF 이론 가격은 오히려 하락할 수도 있는데 콜옵션 매도 손실금은 기초자산

---

[2] ETF가 보유한 여러 자산에서 발생하는 이익을 현금 형태로 지급하는 것. 개별 기업이 발생한 이익 중 일부를 배당금 형태로 지급하는 것과 같은 개념이다.

[3] 콜옵션(Call Option) 매도는 특정 기초자산을 미리 약속한 가격에 '살 수 있는 권리'를 파는 것이다. 예를 들어, 약속된 기간 후 특정 기초자산을 100원에 '살 수 있는 권리'를 5원에 팔았는데 시간이 흘러 기초자산 가격이 150원으로 상승했다면 콜옵션 매도를 한 주체는 50원의 차액을 콜옵션 매수를 한 주체에게 지급해야 한다. 반대로 기초자산 가격이 90원으로 하락했다면 콜옵션 매도를 한 주체는 콜옵션 매수를 한 주체에게 아무것도 주지 않아도 된다. 옵션 매도는 복권 판매와 비슷한 개념이다. 복권 판매를 통해 약간의 수익금을(프리미엄) 챙길 수 있지만 아주 낮은 확률로 복권이 당첨되면 큰 손해가 발생할 수도 있다.

[4] 옵션을 매도할 때 받는 금액.

상승분과 선형적인 관계가 아니기 때문이다. 기초자산이 너무 가파르게 상승하면 콜옵션 매도 손실금은 기하급수적으로 커지게 되고 결국 ETF 이론 가격은 오히려 하락할 수도 있게 된다.

반대로 기초자산이 하락하면 콜옵션 매도로 인한 프리미엄을 온전히 챙길 수 있지만, 기초자산 하락분이 반영된다. 기초자산 하락분에서 콜옵션 매도 프리미엄을 더한 금액만큼 ETF 이론 가격은 하락한다.

> 기초자산 하락 시: 기초자산 하락분(-) + 콜옵션 매도 프리미엄(+) = ETF 이론 가격

커버드콜 상품 운용 측면에서 보자면 기초자산 가격 횡보 또는 매우 느린 상승이 가장 이상적인 상황이다. 기초자산의 가격 하락 없이 콜옵션 매도 프리미엄을 안정적으로 계속 챙길 수 있기 때문이다.

> 기초자산 횡보 또는 매우 느린 상승 시: 기초자산 하락분(0) + 콜옵션 매도 프리미엄(+) = ETF 이론 가격

요약하자면, 커버드콜 상품은 상방은 제약이 있고 하방은 뚫린 상품이다. 우리나라에서 이미 여러 번 문제가 발생한 ELS(Equity Linked Security) 상품과 어느 면에서 상당히 비슷하다. ELS의 경우 최대 수익률은 정해져 있지만(상방은 막혀 있지만) 최대 손실이 100%가 될 수도 있다.

미국 증시에는 이미 수많은 종류의 커버드콜 ETF가 상장되어 있다. 서학개미들이 좋아하는 테슬라 차트와 이를 기초자산으로 하는 커버드콜 ETF TSLY 차트를 비교해보자.

| 그림 5_ 테슬라 주봉 차트 |

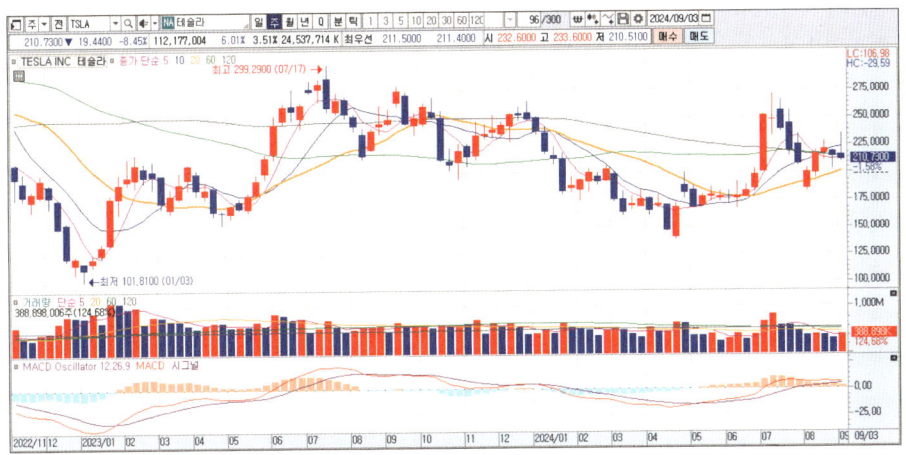

| 그림 6_ 커버드콜 ETF TSLY 주봉 차트 |

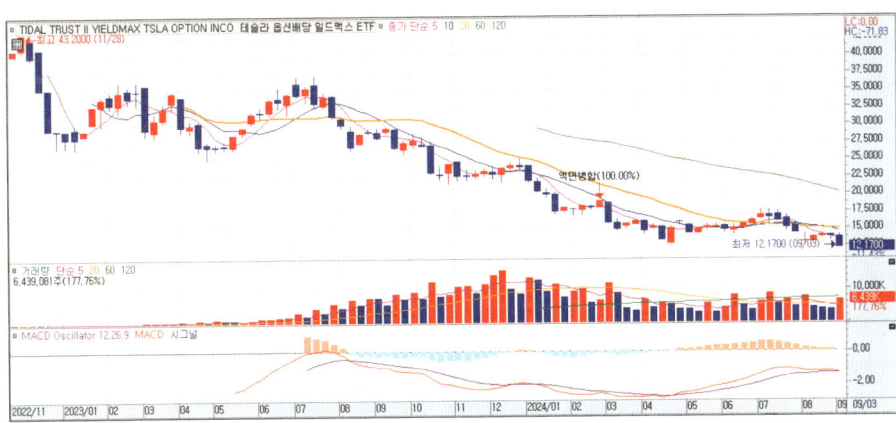

2023년 1월 첫째 주, 테슬라 주가는 113.06달러로 마감했고, 2024년 9월 첫째 주 주가는 210.73달러로 마감했다. 해당 기간 상승률은 85.8%다.

같은 기간 테슬라를 기초자산으로 하는 커버드콜 ETF TSLY 주가는 28.04달러에서 12.17달러까지 하락했고 총 하락률은 56.6%다. 기초자산은 가격이 무려 85.8%나 상승했는데 이와 연동된 커버드콜 ETF는 오히려 반토막 났다. 이는 같은 기간 동안 테슬라 주가의 큰 변동성으로 콜옵션 매도 손실금이 커진 경우가 많았기 때문이다.

물론 TSLY는 같은 기간 동안 많은 분배금을 지급했다. 주당 25.79달러라는 엄청난 누적 분배금을 지급했다. 이를 감안한 TSLY 투자 결과는 다음과 같다. (15% 해외 주식 배당소득세 차감 후.)

> 투자 기간: 2023년 1월 첫째 주 ~ 2024년 9월 첫째 주
> TSLY 매입 단가: $28.04
> $21.92(세후 누적 분배금) + $12.17(현재가) = $34.09
> 투자 수익률: ($34.09/$28.04) - 1 = 21.5%

TSLY 투자자는 수익률 21.5%라는 투자 성과를 얻겠지만, 사실 같은 투자금으로 애초에 기초자산인 테슬라 주식을 샀다면 약 4배 높은 수익률을 기록했을 것이다. 이는 TSLY에만 국한되지 않는다. 거의 모든 커버드콜 ETF에 적용되는 내용이다. 모두 높은 분배금을 지급하지만, 기초자산보다 훨씬 못한 투자 성과를 보인다는 것이 공통된 내

용이다.

연 10%에 가까운 고배당 수익률을 앞세운 커버드콜 ETF는 많은 이들을 유혹하지만, 이면에는 장기간 우하향하는 차트의 모습이 숨어 있다. ETF 가격이 계속 하락하니 높은 배당 수익률을 자랑한다 해도 실제 받는 배당금 역시 장기간 계속 하락할 수밖에 없다.

뉴턴의 운동 제3법칙은 작용과 반작용을 설명한다. 두 물체가 서로 밀거나 당길 때 서로에게 작용하는 힘은 항상 크기가 같고 방향은 반대다. 야구 선수가 배트로 야구공을 치면 야구공 역시 배트에 같은 크기의 힘을 가한다. 지금까지 틀린 사례가 단 한 번도 발견된 적이 없으니 법칙이자 진리다. 뉴턴의 운동 제3법칙을 세상사에 적용해보면 '세상엔 공짜가 없다'가 된다. 이 역시 우리가 경험으로 아는 진리이며, 투자 세계에도 적용된다. 특히 돈이 오가는 금융 상품은 더욱 그렇다. 최근 들어 왜 증권사들이 수많은 커버드콜 ETF 상품 출시에 열을 올릴까? 왜 커버드콜 ETF 상품 판매에 엄청난 마케팅비를 쏟아부을까? 이유는 단순하다. 상대적으로 높은 ETF 운용 수수료뿐만 아니라 커버드콜 ETF 운용에 반드시 포함되는 비싼 파생상품 거래 수수료를 안정적으로 장기간 챙길 수 있기 때문이다.

높은 배당률에 현혹되어 커버드콜 ETF를 매수한다면 자산운용사의 호구가 되는 것과 다르지 않다. 자산운용사는 당신이 투자한 투자금에서 매월 분배금을 떼어내 주면서 생색을 낼 것이다. 그러면서 높은 수수료도 가져갈 것이다. 그러니 거의 모든 커버드콜 ETF 차트가 장기간 하락하는 모습을 보이는 것은 당연한 이치다. 세상엔 공짜가 없다.

그렇다면 우리는 어떤 배당을 추구해야 할까? 복잡하게 생각할 필요가 없다. 기업의 본질은 이익을 창출하는 것이고, 그 이익에서 나오는 배당이 '진짜' 배당이다. 기업 활동을 통해 영업이익이 발생하고 그 이익 중 일부를 주주에게 나누어주는 배당금이 우리가 추구해야 할 '진짜' 배당금이다.

지속 가능한 것에
투자하라

　장기투자자가 되기로 마음 먹었다면 지속 가능한 것을 우선순위에 두어야 한다. 한때 큰 인기를 끌다가 시들해진 대만 카스테라나 탕후루 같은 것에 관심을 둘 필요가 없다. 예전이나 지금이나 그리고 앞으로도 지속 가능할 것에 집중해야 한다.

　단기간에 큰 상승을 하는 테마주를 보면 부럽기도 하면서 유혹을 느낄 것이다. 예를 들어 코로나19 진단키트로 주가가 엄청나게 상승한 씨젠 같은 기업이 그렇다. 운 좋게 상승 전에 투자해 고가에 팔고 나온 사람도 있겠지만, 대다수는 주가 상승 후 투자했다가 손해를 보았을 것이다.

| 그림 7_ 씨젠 월봉 차트 |

| 그림 8_ 씨젠 재무 추이 |

결산년도	주가	매출액(억원)	영업이익(억원)	영업이익률	영업이익증가율	순이익(억원)	EPS(원)	주당배당금(원)
'23년	22,900	3,674	-301	-8.18	-115.29	7	12	800
'22년	27,200	8,536	1,965	23.02	-70.52	1,824	3,487	800
'21년	61,000	13,708	6,667	48.63	-1.41	5,376	10,273	1,000
'20년	193,000	11,252	6,762	60.09	2,915.58	5,031	9,617	753
'19년	30,650	1,220	224	18.38	111.04	267	510	50
'18년	16,000	1,023	106	10.38	40.61	107	205	-
'17년	33,500	889	76	8.49	-25.06	33	62	-
'16년	34,950	737	101	13.68	16.75	72	136	-
'15년	37,850	651	86	13.25	-22.33	68	131	-
'14년	32,550	644	111	17.26	-	91	181	-
'13년	59,000	590	141	23.88	15.24	106	216	-
'12년	76,300	517	122	23.64	20.54	91	187	-
'11년	74,800	394	101	25.74	53.61	94	192	-
'10년	31,800	246	66	26.86	44.10	60	139	-
'09년	0	131	46	34.86	2,057.17	47	118	-
'08년	0	42	-2	-5.55	-	-9	-22	-

　　씨젠의 주가가 엄청난 상승 후 크게 하락한 것은 사업 모델에 지속 가능성이 없기 때문이다. 코로나19라는 특수한 상황에서 엄청난 매출과 이익이 발생했지만, 팬데믹이 끝나고 진단키트가 예전만큼 팔리지 않자 매출과 이익은 급락했다. 주가 역시 급락했다.

씨젠뿐 아니라 거의 모든 테마주들이 비슷한 양상을 보인다. 주가가 반짝 상승한 후에 급락하고 그 후 장기간 정체할 뿐이다.

하루이틀 하는 투자가 아니라 수년 혹은 수십 년 투자할 계획이라면 크게 봐야 한다. 나무가 아니라 숲 전체를 봐야 한다.

(2024년 1분기 기준) 워런 버핏의 주식 포트폴리오를 살펴보자. 애플이 가장 큰 비중을 차지하고 그 뒤로 뱅크 오브 아메리카, 아메리칸 익스프레스, 코카콜라, 셰브론, 옥시덴탈, 크래프트 하인즈 순으로 이어진다. 산업군으로 따지면 IT기기 제조, 금융, 음식료, 석유 섹터의 주식이 대다수를 차지한다.

버핏이 보유한 주식의 산업군을 보면 공통점이 있다. 모두 우리 생활에 필수인 서비스를 제공하거나 상품을 제조하는 기업이라는 것이다. 미래에도 사람들은 여전히 스마트폰을 포함한 IT기기를 사용할

| 그림 9_ 워런 버핏의 포트폴리오 (2024년 1분기) |

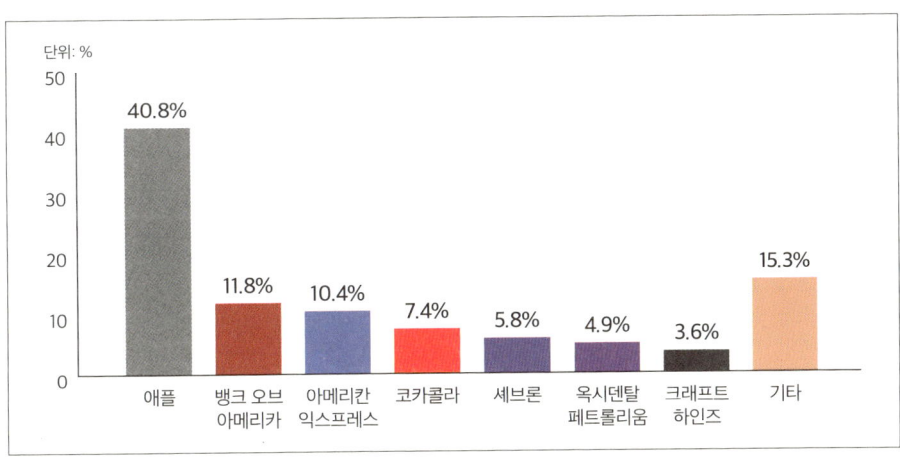

것이며 은행을 통해 각종 금융 서비스를 이용할 것이다. 그리고 미래에도 여전히 석유는 수많은 생활필수품의 기초 원료로 사용될 것이다. 예전에도 그랬고 지금도 그렇고 앞으로도 지속적인 매출과 이익이 안정적으로 발생할 기업들이다.

나 역시 마찬가지다. 아래는 내가 현재 보유 중인 주식 종목 비중이다. 가장 큰 비중은 하나금융지주이고, 두 번째로 해외 주식, 세 번째로 현대차2우B(우선주) 순으로 보유하고 있다. 공통점이라면 꾸준히 이익

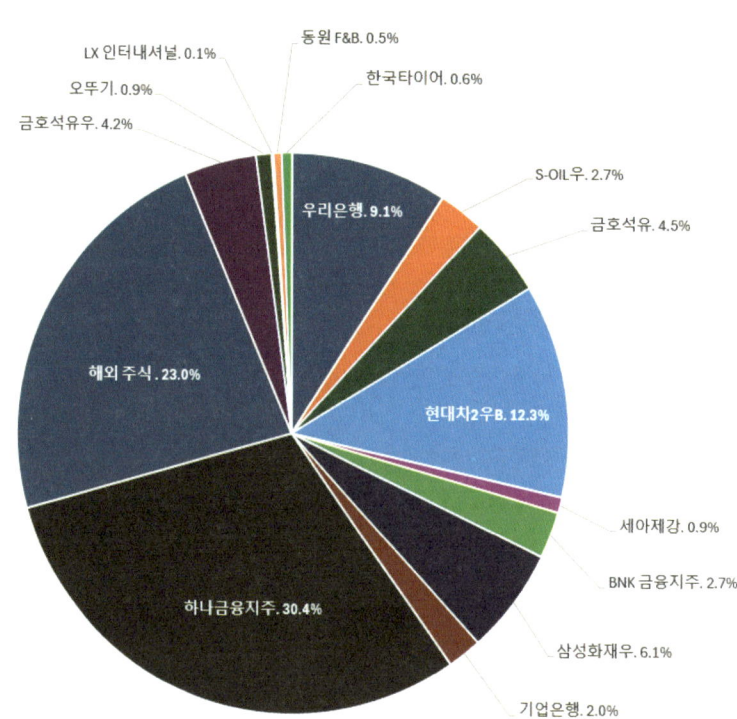

| 그림 10_ 주식 종목 비중 (2024년 7월 기준) |

을 잘 내고 있고 주주환원도 시간이 갈수록 더 좋아지는 종목들이다.

이런 기업의 주식 차트를 보면 한편으로 다른 생각이 들기도 한다. 엔비디아나 테슬라처럼 큰 변동성이 있어야 큰돈을 벌 수 있을 텐데 이렇게 더딘 흐름으로 어느 세월에 큰돈을 벌 수 있을까? 하지만 우리 같은 장기투자자의 목표는 지속 가능한 가치주를 찾는 것이지 인기 있는 주식을 찾는 것이 아니다. 인기 주식은 빠르게 상승하지만, 상승 재료가 떨어지면 빠르게 하락한다.

장기투자자라면 조급한 마음을 버려야 한다. 기업의 사업 모델이 지속 가능하고 꾸준한 이익과 주주환원에 노력하는 기업이라면 충분히 시간을 들여 기다려야 한다. 그러는 동안 발생하는 배당금을 주식에 꾸준히 재투자한다면 복리 효과로 예상보다 훨씬 큰 성과를 얻을 것이다.

앞에서 살펴봤듯이 20년 이상 주식을 보유하면 플러스 수익률을 낼 가능성이 100%다. 하지만 이는 주식시장 전체를 시가총액 비중 순으로 샀을 때의 경우다. 사실 주식시장에는 망해서 사라진 기업이 수없이 많다. 그 모두가 처음부터 망할 운명은 아니었을 것이다. 하지만 어느 때부터 지속 가능성을 잃고 결국 퇴출되었다.

단기투자자라면 기업의 지속 가능성에 관심이 없어도 된다. 기업의 본질가치와 상관없이 한 방이 목적이라 주식의 테마성과 수급이 더 중요할 것이다. 하지만 장기투자자라면 가장 우선시해야 할 것은 언제나 지속 가능성이다.

지수 추종 ETF 투자

워런 버핏은 3년마다 본인의 유서를 검토하는 것으로 알려져 있다. 그리고 그 내용 중에는 바뀌지 않는 부분이 있다. 본인이 죽고 난 후 배우자에게 상속되는 유산 중 90%는 저비용 S&P500 지수 추종 ETF에 넣고 10%는 단기 국채에 투자하라는 내용이다.[18]

실제로 저비용 S&P500 지수 추종 펀드인 VOO 차트를 보면 수긍이 간다. 미국 증시는 장기간 계속 우상향했으니 펀드 또한 장기간 우상향하는 모습을 보이고 있다.

하지만 정작 버핏 본인은 지수 추종 펀드에 전혀 투자하지 않고 있다. 왜 그럴까? S&P500 지수는 미국 증시에서 시가총액 순 500대 기업의 주가를 지수화한 것이다. 즉 기업의 본질가치와는 상관없이 시

| **그림 11_** VOO S&P500 지수 추종 ETF 월봉 차트 |

가총액 500위 안에 들면 지수에 포함된다. 500개 기업 중에는 좋은 기업도 있고 그렇지 못한 기업도 있다. 따라서 버핏처럼 좋은 기업을 선정할 수 있다면 S&P500 지수 추종 ETF에 투자하는 것은 비효율적이다.

물론 대다수는 버핏처럼 좋은 종목을 선정하기 어려울 것이다. 그의 배우자 역시 마찬가지일 것이다. 그런 사실을 버핏 역시 알고 있다. 따라서 비효율적인 투자일지라도 최소한 잃지 않는 투자를 이어갈 수 있도록 지수 추종 ETF에 투자하라는 것이지 그 이상도 이하도 아니다.

그렇다면 우리는 어떻게 해야 할까? 조심스럽지만 나는 지수 추종 ETF 투자를 권하고 싶지 않다. 실제로 나는 지수 추종 ETF를 매수해 본 적도 없다. 지수 추종 ETF 같은 수동적인 투자 방법은 기업에 대해 생각하거나 분석할 필요 없이 그냥 여윳돈이 생기는 대로 기계적으로 사 모아가면 되니 편한 방법일 수 있다. 하지만 편리함 뒤에는 항상 기회비용이 기다리고 있다.

우선 S&P500 지수를 추종하는 저비용 펀드 중 하나인 VOO의 수수료에 대해 알아보자. VOO의 연간 수수료는 0.03%이며 1억 원 투자 시 연간 3만 원의 수수료를 내야 한다. 충분히 낮은 수수료지만 투자 기간이 길고 투자금이 크다면 꽤 많은 금액이 될 수 있다.

둘째, 지수 추종 ETF는 대체로 낮은 분배 수익률을 보인다. VOO의 현재 분배 수익률은 약 1.29%(2024년 9월 기준)이며, 배당소득세 15%를 차감하면 약 1.10%다. 이는 우리나라 2023년 물가 상승률인 3.6%에 비해 1/3 수준으로 현재 분배 수익률은 꽤 낮다고 할 수 있다. 분배 수익률만 고려한다면 좋은 투자라 하기 어렵다.

셋째, 지수 추종 ETF의 성과는 평균 수익률로 제한된다. 말 그대로 시가총액 500대 기업의 주가 수익률을 가중 평균화한 값이다. 시장에는 평균을 훌쩍 뛰어넘는 놀라운 성과를 보이는 기업들이 있다. 이들 기업의 주가가 저평가된 상태라면 투자를 집중해서 더 큰 성과를 얻을 수도 있겠지만, 지수 추종 ETF에 투자한다면 뛰어난 투자 성과를 얻기가 어렵다.

물론 S&P500 지수는 장기적으로 우상향을 이어가고 있다. VOO의 지난 10년 연평균 수익률은 12.21%다. 충분히 좋은 성과지만 더 좋은 성과를 얻을 수 있다면 이는 기회비용일 뿐이다.

워런 버핏은 지난 58년간 연평균 20% 수익률을 기록해왔다. 그의 입장에서 보면 안정적으로 계속 연평균 20% 수익을 얻을 수 있는데 군이 수익이 더 낮은 지수 추종 ETF에 투자할 필요가 없다. 나 또한 마찬가지다. 지난 10년 동안 24%의 연평균 수익을 얻었는데 군이 수수료까지 주며 지수 추종 ETF를 사고 싶은 마음이 안 든다. 무엇보다 나의 자산을 남의 손에 맡기고 싶지 않다.

현재 나의 주식 자산 배당 수익률은 (세후, 평가금 대비) 약 5.3%이다.[5] VOO의 (세후) 분배 수익률 1.1%의 약 4.8배다. 배당 수익률 면에서 봐도 내가 지수 추종 ETF에 관심이 없는 건 당연하다.

지수 추종 ETF 매수는 내가 사기 싫은 종목도 같이 사야 하는 일이다. 나는 소위 기술 성장주로 불리는 주식에 투자하는 것을 싫어한다. 이익 창출력은 불안정하고 주가는 이에 비해 터무니없게 높은 경우가 대다수다. 더군다나 배당을 정기적으로 실시하는 기술 성장주는 거의 없다. 이런 사유들로 사기 싫은데 S&P500 지수 추종 ETF를 매수하면 사기 싫은 종목들까지 어쩔 수 없이 사게 된다.

평생 투자해야 한다면 손실이 날지 이익이 날지 장담할 수 없어도 남의 손에 나의 자산을 맡기기보다 직접 생각하고 분석해서 판단을 내리고 건설적인 시행착오를 겪으며 실력을 키우는 것이 더 바람직하지 않을까? 물론 판단은 본인의 몫이다.

부정적인 내 생각과 달리 많은 개인투자자가 지수 추종 ETF 투자를 늘리는 상황이다. 종목을 공부할 필요도 없이 그냥 돈만 투입하면 되는 편리함이 있고, 지수 추종 ETF는 장기적으로 계속 우상향하리

---

5 2024년 7월 2일 기준으로 평가금액 41.3억 원이며, 올해 예상 배당금은 약 2.2억 원(세후)이다.

라는 굳은 믿음이 있기 때문이다. 찰리 멍거는 말했다. "대중을 따라 하는 것은 평균으로 후퇴하겠다는 말이다." 개별 종목 주식투자로 성공한 사람은 있어도, 지수 추종 ETF로 부자가 된 사람을 적어도 나는 본 적도 들어본 적도 없다.

좋은 기업의 주식을 사는 것은 생각보다 어렵지 않다. 종목 선정에 대한 이야기는 뒤에서 하겠다.

리츠 ETF
투자

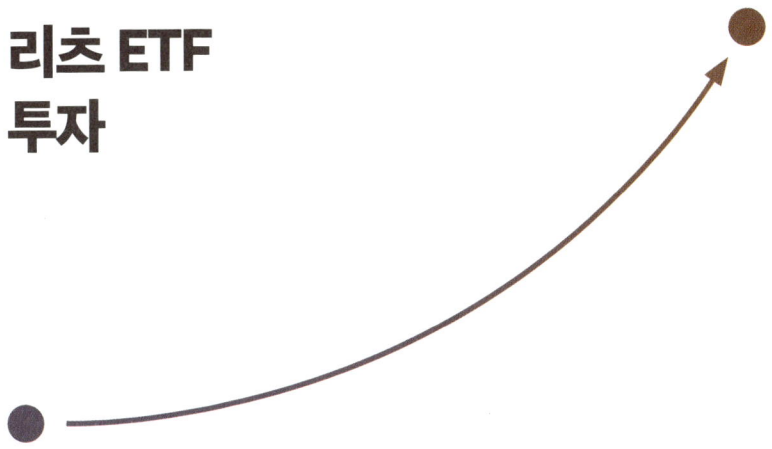

　미국 증시에는 수많은 리츠 ETF가 있고, 목적에 따라 각기 보유하는 부동산 종류도 다양하다. 거주용 부동산을 집중적으로 보유한 리츠 ETF도 있고, 상업용 부동산, 물류 창고 또는 데이터센터를 주로 보유한 리츠 ETF도 있다. 다음은 미국 증시에서 현재 거래 중인 다양한 리츠 ETF 중 일부에 대한 간략한 설명이다.

　나는 리츠 ETF를 하나 보유하고 있다. 2022년부터 사 모으기 시작한 비시VICI Properties Inc.다. 해외 주식에서 발생한 배당금으로만 산 주식이라서 투자 원금이 크지는 않다. 비시는 주로 카지노, 호텔, 골프장, 리조트 등의 부동산을 보유하고 있고 이를 장기 임대해서 이익을 얻는 리츠다.

티커	리츠	설명	2024년 9월 기준 최신 배당률 (세전)
AMT	American Tower Corp.	미국 내 이동통신 사업자나 방송국을 대상으로 송신탑이나 안테나 기지국을 임대하는 리츠 기업.	3.29%
PLD	Prologis Inc.	유통 및 물류 관련 시설을 소유, 관리, 개발하는 미국 리츠 기업.	2.95%
O	Realty Income Corp.	세계 최대 상업용 부동산 투자 리츠 기업으로 독립형 단일 임차인 상업용 부동산에 주로 투자.	5.08%
EQIX	Equinix Inc.	데이터센터 전문 리츠 기업으로 25개국 200개 이상 데이터센터를 보유.	2.05%
VICI	Vici Properties	카지노 및 엔터테인먼트 자산에 전문인 부동산 리츠 기업.	5.13%

비시에는 다른 리츠 ETF와 다른 몇 가지 특징이 있다. 우선 임차인이 임대료를 못 내게 되는 최악의 상황이 발생할 수도 있는데 적어도 비시는 그럴 가능성이 매우 낮다. 임차인이 바로 시저 엔터테인먼트Caesar Entertainment라는 대형 카지노 업체이고 현금 흐름이 우수하므로 임대료가 제때 납부되지 않을 가능성은 거의 없다.

이에 더해 임대계약은 30년 이상 초장기라 장기적으로 안정된 수익이 보장된다. 물론 초장기 임대이기 때문에 단점도 존재한다. 계약상 임대료 인상은 연 3% 수준으로 제한되어 있어 기준금리 상황에 따라 기회비용이 발생할 수도 있다. 간단히 말해 임대료를 현 시세에 맞게 올리지 못하는 상황이 발생할 수 있는 것이다.

미국 증시에서 가장 널리 알려진 리츠 ETF는 리얼티인컴Realty Income이다. 리츠 ETF 중 규모 면에서 세계 최대이고 전 세계 곳곳에서 다양한 부동산 자산을 보유 및 임대하고 있다. 2024년 6월 기준 15,450개

| 그림 12_ 리얼티인컴 주요 임차 기업 |
(출처: https://www.realtyincome.com/sites/realty-income/files/2024-05/investor-presentation-q1-2024-v2.pdf)

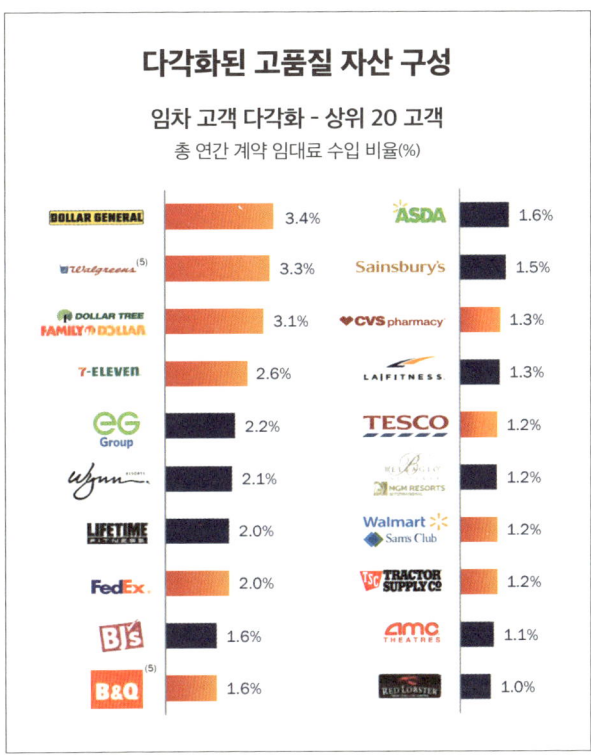

부동산 자산을 보유하고 있으며 공실률이 1.2%밖에 되지 않을 정도로 매우 안정적으로 관리하고 있다. 임차 기업 또한 재정적으로 안정된 기업들이 대부분이라 임대 수입이 갑자기 끊길 가능성은 매우 낮다. 주당 월 분배금은 꾸준히 상승하고 있다.

리츠 투자 전에 꼭 이해해야 할 개념이 있다. 바로 FFO Fund from Operation(사업 운용 수익)다. 일반 주식을 매수하기 전에 보통 EPS Earning per

Share(주당 순이익)를 꼭 살펴보는데 리츠 EPS를 보면 갸우뚱하게 된다. 왜냐하면 거의 모든 리츠의 EPS는 DPS(주당 배당금) 보다 작기 때문이다. 얼핏 보면 버는 돈보다 더 많은 배당금을 주주에게 지급하니 지속 가능성을 의심할 수 있다. 그렇기 때문에 리츠 투자 전에는 FFO 개념을 꼭 이해해야 한다.

리츠는 법인세법에 따라 순이익을 계산할 때 감가상각비를 제하게 되어 있다. 즉 실제 부동산 가치는 변함이 없더라도 매해 감가상각비로 비용 처리를 하다 보니 실제 이익 창출력보다 과소평가될 수 있다. 하지만 감가상각비는 실제 현금흐름에 영향을 끼치지 않는다. 따라서 리츠의 실질적인 실적을 나타내기 위해 EPS 대신 FFO를 사용하며 다음과 같이 계산한다.

> FFO = 순이익 + 감가상각비 - 자산 매각 차익

감가상각비를 다시 더하는 이유는 순이익에서 빠진 감가상각비를 상쇄하기 위함이고 자산 매각 차익을 빼주는 이유는 이익을 제외함으로써 리츠의 지속 가능한 배당 수준을 나타내기 위함이다.

일반 기업의 배당 성향 = (DPS) / (EPS)인 반면, 리츠의 배당 성향 = (DPS) / (주당 FFO)로 계산해야 리츠를 제대로 평가할 수 있다. 리츠 FFO 관련 정보는 각 리츠 홈페이지에서 확인 가능하다.

리츠 ETF의 본질은 부동산과 같다. 부동산을 임대해 나오는 임대료를 주 수익 모델로 삼으며, 부동산 시세 상승도 리츠 ETF를 보유함

으로써 어느 정도 같이 누릴 수 있다. 리츠 ETF가 보유한 부동산 자산의 가격 상승은 주가 상승으로 이어질 가능성이 크다.

사실 부동산을 임대해 얻는 임대 수입 모델은 보기에는 쉬워 보여도 막상 관리하다 보면 큰 노력이 필요하다는 것을 알게 된다. 임차인과 계속 소통해야 하고 부동산 관리도 해야 하고 임대수익 세금 신고 등 여러 노력이 필요하다. 간혹 임차인이 월세 납부를 잊기라도 하면 일일이 연락해야 하는 것도 보통 불편한 게 아니다. 따라서 부동산을 직접 보유하고 관리하는 것보다 안정적으로 그리고 편리하게 부동산 임대 수입을 얻고자 하는 사람에게 리츠 ETF는 매우 좋은 대안이 될 수 있다.

결론적으로 나는 자산 분산 차원 면에서 리츠 ETF를 일정 비중 보유하는 것에 찬성한다. 보유 비중은 각 투자자의 성향에 달려 있다. 부동산 자산을 많이 보유하고 싶으면 비중을 늘리면 되고 반대면 줄이면 된다. 앞에서 언급했듯이 현재 보유 중인 아파트를 내년에 팔면 판매 금액 중 일부는 리츠 ETF 주식을 더 사는 데 사용할 생각이다.

02

국내 주식
vs. 미국 주식

모든 것에는 양면성이 있다. 높은 수익성만 추구하면 그만큼 높은 위험이 수반된다. 마찬가지로 낮은 위험만 추구하면 낮은 수익성이 수반된다. 장점이 있으면 단점이 있고 단점이 있으면 장점이 있기 마련이다. 세상 이치가 그렇다. 이 둘을 보완하기 위해 나는 국내 주식과 해외 주식 모두에 장기투자하고 있다.

우리나라 증시가 상승하지 못하는 이유

 언제부터인가 투자 관련 인터넷 커뮤니티에서 가장 흔히 언급되는 내용 중 하나가 국내 주식은 장기투자하면 안 되고 미국 주식만 장기투자해야 한다는 것이다. S&P500이나 NASDAQ 지수로 대표되는 미국 증시는 장기적으로 우상향을 이어가고 있지만, 우리나라 KOSPI 종합지수는 이보다 훨씬 느린 성장 속도를 보였기 때문일 것이다.

 2024년 9월 기준, S&P500 지수는 2009년 3월 저점 대비 약 8.6배 상승했지만, KOSPI 종합지수는 2008년 10월 저점 대비 약 2.9배만 상승했다. 지수로 확연한 차이가 나는 만큼 우리나라 투자자들이 가진 인식은 어찌 보면 당연하다.

 미국이야 원래 잘나가는 나라니 그렇다 쳐도, 우리나라 증시는 경

| 그림 13_ S&P500 지수 (2006-2024) |

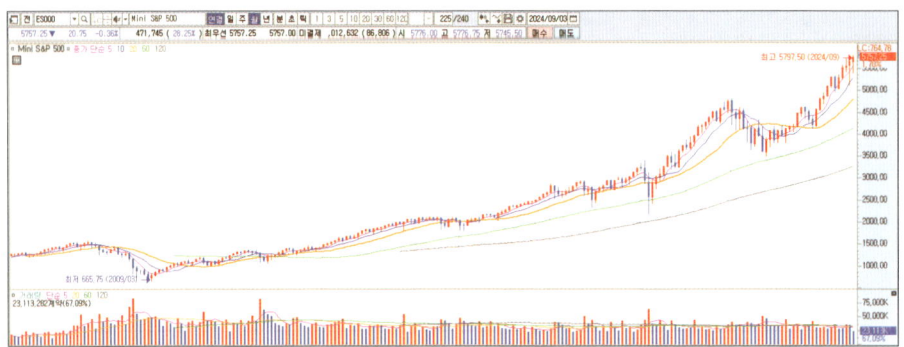

| 그림 14_ KOSPI 종합지수 (2006-2024) |

제 구조가 유사해 자주 비교되는 다른 나라에 비해서도 저조한 성과를 보였다. 2024년 9월 기준, 대만 증시는 2008년 11월 저점 대비 약 5.5배 상승했고, 일본 증시는 2008년 10월 저점 대비 약 5.4배 상승했으니, 둘 다 우리나라 증시보다 거의 두 배 가까운 성과를 보였다.

왜 그럴까? 여러 이유가 있겠지만 가장 큰 요인은 주주가치 제고에 대한 기업들의 낮은 의지와 관심 때문이다. 주주가치 제고에 큰 관심이 없다 보니 자사주를 매입하고는 소각을 하지 않는다. 자사주 소각을 한다면 전체 주식 수량이 줄어드니 주당 가치가 상승하는 효과가 있는데 그럴 의지가 부족하다. 그 대신 기업의 자금으로 산 자사주는 향후 필요시 오너의 경영권 방어를 위한 목적으로 보유한다. 자사주 자체는 의결권이 없지만 이를 다른 우호 기업과 지분 교환을 하면 즉시 우호 지분으로 활용할 수 있기 때문이다. 기업의 자금은 주주 모두의 것인데 일부 지분만 가진 오너를 위해 사용되는 것이다.

오너가의 직접 경영이 많은 우리나라에서 사실 많은 오너가 주가 상승을 반기지 않는다는 것은 널리 알려진 사실이다. 오너 경영을 유지하기 위해서는 자손 대대로 지분을 상속해야 하는데 주가가 너무 높으면 상속세만 높아지기 때문이다. 그러다 보니 기업에 따라서는 주주가치 제고는커녕 주가를 낮게 유지하려는 노력을 하고 있을 수도 있다. 반면 미국의 경우 기업이 자사주를 그대로 보유하고 있는 사례는 찾기 힘들 정도다. 미국 기업이 자사주 매입을 한다는 것은 곧 소각을 한다는 의미고 이는 장기적인 주가 상승 요인으로 작용한다.

우리나라 증시에서 장기적 상승이 더딘 두 번째 이유는 잦은 물적분할 그리고 이에 따른 중복 상장에 있다. 2020년 9월 LG화학은 전지 사업부를 물적분할하여 100% 자회사인 LG에너지솔루션을 증시에 상장하기로 했다. LG화학 기존 주주들은 LG화학이 가진 이차전지의 기술력 그리고 잠재력을 보고 투자했을 수 있는데 물적분할로 이차전지 사업부를 떼어내 따로 상장하니, 가만히 있다가 주주가치 훼

손을 당한 셈이다. 이뿐만이 아니다. LG화학은 여전히 LG에너지솔루션 지분 82%를 보유 중인데 LG에너지솔루션이 별도 상장되어 있어 증시 전체로 보면 중복 또는 '더블 카운팅Double Counting'인 셈이다. 그러니 모기업인 LG화학은 지주회사 할인 압박을 받게 되어 주가 상승은 어려워진다. 또한 중복으로 상장되어 있으니, 자회사가 좋은 실적을 올리더라도 모기업의 주가에는 큰 영향을 끼치지 못한다.

이런 방식의 물적분할, 즉 '기업 쪼개기 상장'은 우리나라에서 별다른 제한이 없다. 그러다 보니 매년 발생한다. 2023년에만 총 19건의 물적분할 사례가 있었다. 종합주가지수가 오를 만하면 물적분할이 발생하고 지수는 상승하지 못하고 박스권 정체를 이어간다. 물적분할을 통해 시장에 상장된 기업 수가 증가하며 주식이 계속 공급되니, 우리나라 증시 시가총액은 계속 늘어도 종합주가지수는 정체하는 모습을 장기적으로 보일 수밖에 없다.

물론 미국 증시에서도 물적분할은 발생한다. 다만 우리나라와 다르게 물적분할을 해도 자회사는 증시에 따로 상장하지 않는다. 즉 증시에 상장된 기업 수는 변하지 않는다. 따라서 우리나라와 같이 중복 상장에 따른 모기업의 주가 할인 영향은 없다. 하지 않는 이유는 간단하다. 물적분할한 자회사를 증시에 상장하는 것은 주주가치 제고에 반하는 행위이고, 이에 소액주주의 집단소송으로 이어질 수 있기 때문이다. 안드로이드Android, 유튜브YouTube, 웨이모Waymo, 딥마인드DeepMind, 모두 들어봤음 직한 기업이다. 이 기업들에는 공통점이 있다. 모두 구글Google의 자회사이고 비상장 기업이다. 심지어 구글도 비상장사다.

오직 모기업인 알파벳Alphabet만 미국 증시에 상장되어 있다. 따라서 수많은 자회사 그리고 손자회사들의 좋은 실적이나 잠재력은 모두 지주회사 격인 알파벳에 반영되며 이는 장기적인 주가 상승으로 이어진다. 그리고 이는 곧 미국 증시 지수의 장기 상승으로 이어진다. 중복 상장이 없기 때문이다.

반면 우리나라는 앞서 언급한 LG화학 외 많은 대기업이 중복으로 상장되어 있다. 지주회사 격인 HD현대, 자회사인 HD한국조선해양 그리고 손자회사인 HD현대중공업까지 모두 상장되어 있는 것이 한 예다. 더블 카운팅도 모자라 트리플 카운팅을 하는 게 우리나라 증시의 현실이다. 그러니 우리나라 종합주가지수가 장기적 상승을 못 하는 것은 어찌 보면 당연하다. 신한투자증권이 내놓은 '저PBR주 성과 요인 분석' 리포트에 따르면 2021년 기준 국내 코스피 복수 상장 비율은 8.5%다. 미국 0.5%, 일본 6.1%, 프랑스 2.2% 등 주요 선진국 대비 매우 높은 수준이다.[19]

중복 상장이 되면 주가가 장기적으로 상승을 못 한다. 그런데도 불구하고 우리나라는 왜 매년 많은 기업이 물적분할을 할까? 오너가의 기업 지배권을 그대로 유지하면서 신규 투자금을 외부로부터 손쉽게 유치할 수 있기 때문이다. 오너가 입장에서는 기업 지배권이 가장 중요하다. 어차피 팔 지분이 아니라면 주가 상승은 골치만 아프다. 앞서 설명했듯이 주가가 올라 봤자 상속세만 더 내야 한다.

결론적으로 국내 증시의 저평가가 계속되는 이유는 모든 주식의 권리가 동등하지 않기 때문이다. 소액주주의 한 주든 지배주주의 한 주든 권리는 동등해야 한다. 하지만 국내 증시는 동등하지 못한 경우가 많다. 주주총회에서 의결권 행사를 통해 회사의 중요한 의사결정 사항을 지배할 수 있는 지배주주는 주주 전체의 이익을 대변하지 않고 오직 자신들의 이익을 위해 의사결정을 내리는 경우가 많다. 그래서 기업이 보유한 자사주는 소각되지 않고 향후 있을지 모를 경영권 분쟁에 대비해, 지배주주의 경영권 방어를 위해 자사주 형태로 계속 보유되는 것이다. 모든 주주가 동등한 혜택을 누릴 수 있는 인적분할 대신 지배주주의 지배권이 보장되는 물적분할이 이루어지며 중복 상장 문제가 계속 발생하게 된다. 또한 지배주주는 기업의 이익을 다른 주주와 동등하게 나누기보다는 본인들만의 이익이라고 인식하기에 전반적으로 주주환원에 인색한 경우가 많다.

그럼 우리는 어떻게 해야 할까? 우리나라 증시는 근본부터가 잘못됐으니 아예 투자를 안 하는 게 답일까? 정말 국내 주식에는 절대 장기투자하면 안 되는 것일까? 다음 챕터에서 더 자세히 살펴보자.

주식의
본질은
같다

　성급한 일반화의 오류란 몇 개 사례나 경험만 가지고 전체 속성을 단정 짓고 판단하는 데서 발생하는 오류다. 다음의 가상 상황을 생각해보자.

　투자자 A는 유망하다는 국내 주식 몇 종목을 샀다. 평가 손실이 발생했지만, 손실을 확정하고 싶지 않아 몇 년을 더 들고 있었다. 시간이 지나 결국 손실이 더 커진 후 손절매했다. 이번에는 국내 주식 대신 유망하다는 미국 기술 성장주 몇 종목을 샀다. 이익이 났다. 몇 년 더 들고 있었더니 더 큰 이익이 발생했다. 투자자 A는 '국내 주식은 틀렸고, 미국 기술 성장주가 최고야. 앞으로는 미국 기술 성장주에만 투자해야겠다'고 생각한다. 투자자 A는 이 경험을 바탕으로 오로지 미국 기술 성장주에만 투자할 가능성이 높다.

그런데 투자자 A는 왜 국내 주식 투자에서 손실을 봤을까? 과연 국내 증시가 가진 고질적 문제 때문이었을까? 아니다. A는 장기투자를 하면 안 될 종목에 투자해 손실을 보았을 가능성이 크다. A는 기업의 본질인 이익 창출력이나 주주가치 또는 주주환원 제고를 고려하지 않고, 주변의 추천이나 간단한 기사에 의존하여 성급한 판단을 내리고 투자를 단행했을 것이다. 또는 기업 실적이 급변하는지도 모르고 무작정 보유했을 수도 있다. 아니면 단순히 차트를 보고 주가가 충분히 하락했으니 이제 올라갈 일밖에 없다는 그림 공부의 결과일 수도 있다. 결국 평가 손실을 경험하고, 비자발적 장기투자를 이어가다가 손실이 커져 자포자기하는 마음으로 손절매했을 것이다.

이 과정에서 큰 손실이 주는 심적 스트레스는 A의 방어기제를 자극한다. 즉 실패한 투자의 원인은 본인 때문이 아니라 국내 증시의 고질적 문제 같은 외부 요인 때문이라고 생각한다. 이와 같이 투자 실패의 원인을 외부로 돌리면 내적 괴로움을 줄일 수 있다. 그런데 이런 방어기제는 확증편향으로 이어질 수도 있다. 미국 기술 성장주의 장점에만 주목하고 분명 존재하는 단점은 애써 무시한다. 그리고 국내 증시와 관련된 긍정적 정보는 아예 차단함으로써 자기 합리화를 한다.

하지만 우리나라에도 주주가치 및 주주환원 제고를 위한 변화는 느리지만 진행되고 있다. 하지만 확증편향에 빠진 투자자들은 이러한 변화를 인지하지 못하고 좋은 투자 기회를 놓칠 가능성이 높다.

평균적으로 미국 증시는 우리나라보다 선진화된 시장이다. 주주가치 제고 측면에서 미국 기업과 국내 기업의 태도에는 분명 차이가 있다. 하지만 평균적으로 그렇다는 것일 뿐 모든 기업이 그렇다는 것은 아니다. 분명 우리나라에도 주주가치 제고를 위해 노력하는 기업이 있다. 그리고 미국에도 분명 주주가치 제고를 우선시하지 않는 기업이 존재한다. 그런데도 오직 미국 주식에만 투자해야 한다는 주장이 생기는 이유는 빅테크 상위 7개 기업이 미국 증시에서 차지하는 비중이 워낙 크기 때문이다. 한 예로, 2023년 상반기 S&P500은 8.6% 상승했는데 이 중 상위 빅테크 7개 기업이 기여한 비중이 무려 80%에 달했다.[20] 나머지 493개 기업이 기여한 부분은 20%일 뿐이었다. 상위 7개 기업 때문에 시장 전체가 좋아 보이게 된 꼴이다. 평균의 함정으로 편향된 시각이 생기는 이유다.

국내든 미국이든 주식의 본질은 같다. 달라야 할 이유는 전혀 없다. 국내 기업이든 미국 기업이든 기업의 목적은 높은 이윤을 창출하는 것이다. 이익을 못 내는 기업은 장기 우하향하고 꾸준한 이익을 내는 기업은 결국 우상향한다. 시간의 문제일 뿐이다.

전 세계의 자금이 미국에 몰리는 만큼 유동성이 풍부한 미국 증시, 특히 시가총액 상위 기업은 과대 평가될 위험이 항시 존재한다. 반면 국내에 있는 몇 개 기업은 본질가치는 뛰어나고 주주가치 제고를 위한 노력과 좋은 실적을 유지하고 있음에도 불구하고, 국내 증시 전체가 할인받는 코리아 디스카운트 효과 때문에 제대로 된 평가를 받지 못하고 있다. 과대평가 가능성이 높은 미국 증시와 오히려 할인을 적용받는 국내 증시. 당신은 어디에 더 큰 기회가 있다고 생각하는가?

우리나라 일부 기업의 주주가치 및 주주환원 제고 움직임은 이미 몇 년 전에 시작되었고 이러한 변화가 가속화되어 저평가된 우량주들이 제대로 평가를 받기 시작하면, 기업의 가치를 믿고 투자해온 장기 투자자들에게 큰 성과를 안겨줄 것이다.

국내 주식 중 대표적인 저평가 우량주는 금융지주들이다. 우리나라 금융지주들은 지난 수년간 실적과 상관없이 심각한 저평가의 늪에 빠져 있었다. 내가 보유하고 있는 하나금융지주의 경우 2005년 EPS는 1,067원이었는데 2023년 11,612원으로 거의 11배 성장했다. 배당금은 같은 기간 주당 99원에서 주당 3,400원으로 무려 34배 상승했다. 하지만 같은 기간 동안 주가는 46,200원에서 43,400원으로 보합 수준에 머물러 있었다. 무려 18년간 주가가 박스권을 벗어나지 못했지만, 2024년 초 저PBR주에 대한 관심이 높아지면서 주가는 드디어 상승하기 시작했고, 2024년 7월 31일 종가 기준 64,700원을 기록했다.

하나금융지주는 정기적으로 자사주 매입 및 소각을 계속 진행하고 있다. 그리고 배당금 주기를 반기에서 분기로 변경하는 등 주주가치 및 주주환원 제고에 노력하는 몇 안 되는 국내 기업 중 하나다.

또한 하나금융지주는 오너 경영 문제에서도 자유롭다. 대주주는 국민연금, 블랙록 펀드BlackRock Fund, 캐피탈 그룹Capital Group 순으로 지분이 분산되어 있다. 심지어 중복 상장의 문제도 없다. 수많은 자회사와 손자회사가 있으나 모두 비상장이고 상장된 기업은 오직 하나금융지주뿐이다. 하나금융지주는 앞서 알아본 국내 증시의 고질적인 문제를 하나도 갖고 있지 않지만, 국내 주식이라는 이유로 불공평한 평가를

| 그림 15_ 하나금융지주 재무 추이 (출처: 삼성증권) |

결산년도	주가	매출액(억원)	영업이익(억원)	영업이익률	영업이익증가율	순이익(억원)	EPS(원)	주당배당금(원)
'23년	43,400	-	46,934	6.73	0.10	34,684	11,612	3,400
'22년	42,050	-	46,883	6.67	1.23	36,394	12,009	3,350
'21년	42,050	-	46,311	11.11	20.71	35,816	11,744	3,100
'20년	34,500	-	38,364	7.95	17.72	26,849	8,783	1,850
'19년	36,900	-	32,587	8.49	3.37	24,256	7,965	2,100
'18년	36,250	-	31,522	9.69	15.96	22,752	7,457	1,900
'17년	49,800	-	27,181	6.93	68.39	21,166	6,881	1,550
'16년	31,250	-	16,141	4.65	59.73	13,997	4,494	1,050
'15년	23,600	-	10,105	2.97	-18.73	9,543	3,092	650
'14년	32,000	-	12,434	4.45	6.73	9,798	3,234	600
'13년	43,900	-	11,650	4.57	-42.25	9,930	3,362	400
'12년	34,700	-	20,174	7.68	16.44	17,292	6,671	450
'11년	35,550	-	17,324	8.03	35.26	13,031	5,121	600
'10년	43,300	-	10,088	80.73	229.36	10,108	4,771	700
'09년	32,900	-	3,063	63.90	-36.74	3,063	1,445	400
'08년	19,500	-	4,842	90.82	-62.69	4,834	2,282	200
'07년	50,400	-	12,981	97.44	17.54	12,981	6,127	1,300
'06년	48,900	-	11,044	97.96	401.64	10,794	5,201	900
'05년	46,200	-	2,201	99.41	-	2,201	1,067	99

장기간 받고 있다.

우리나라 증시는 변화 중이다. 일부는 이미 시작된 변화를 인지하지 못하고 있고, 다른 일부는 이를 감지하고 있다. 주식의 본질이 지역에 따라 다르다고 생각하는 이들은 결국 한쪽의 기회를 놓칠 것이고, 주식의 본질은 어디든 같다고 생각하는 이들은 양쪽의 기회를 잡을 수 있다. 내가 국내 그리고 해외 주식을 차별하지 않고 저평가 우량주에 장기투자하는 이유다.

THE ACCELERATED INVESTING FORMULA

4장

흔들리지 않는
투자

01

군중심리에
휩쓸리지 말자

군중심리는 태풍처럼 강력히 휩쓸고 지나간다. 그래서 본인만의 확고한 투자 철학이 없다면 그에 휩쓸리고 만다. 그러면 남들과 같은 투자만 하게 되고, 그런 투자금은 이미 남에게 맡긴 돈이나 다름없다.

테슬라라는 허상

테슬라는 2020년부터 2021년 말까지 폭발적인 상승을 이어가며 시장의 엄청난 관심을 받아왔다. 현재 주가는 약 240달러로 2021년 말 고점 414달러에 비해 많이 내려온 상태지만, 여전히 '테슬람'[1]이라는 표현이 인터넷에서 흔히 사용될 만큼 많은 이의 관심을 받고 있다. 또한 여전히 서학개미들의 주요 투자 종목이기도 하다.

이번 챕터에서는 테슬라 그리고 전기차에 대해 다뤄보려 한다. 우선 나는 테슬라 주식을 사본 적이 없으며 앞으로도 투자할 일은 없을 것 같다. 여러 면에서 테슬라가 모순점을 갖고 있으며, 무엇보다 벌어

---
1 테슬라와 이슬람의 합성어.

들이는 이익에 비해 여전히 과도한 평가를 받고 있기 때문이다.

테슬라가 현재의 성공을 거두기까지, 사실 친환경차라는 이미지가 중요한 역할을 했다. 언론은 전기차를 친환경차와 연결해 보도했고, 그 결과 전기차는 이제 친환경차의 동의어로 여겨지고 있다. 이산화탄소를 배출하지 않는 전기차라면서 탄소배출권까지 부여했으니, 친환경적이라는 믿음은 더욱 확산되었다. 하지만 과연 그럴까?

전기를 에너지원으로 삼는 전기차가 이산화탄소를 배출하지 않는 것은 사실이다. 그러나 이 전기가 과연 어디에서 오는지, 즉 전기를 어떻게 생산하는지까지 살펴볼 필요가 있다. 아래는 전기를 생산하는 데 사용된 전 세계의 연료 소비량 추이다.

우리나라 인구는 이미 감소 추세에 접어들었지만, 전 세계 인구는 여전히 증가하고 있으며, 이에 전기생산에 사용되는 연료 소비량도 매년 증가하고 있다. 그나마 화석연료(석탄, 가스 및 석유)의 비중은 조금씩 줄고 있지만 신재생 에너지가 가진 본질적 문제로 그 속도는 느려지고 있다. 2023년 기준 화석연료가 차지하는 비중은 여전히 61%에 달하며 그중 석탄의 비중이 가장 크다. 이런 상황에서 단순히 내연기관 자동차를 전기차로 전환한다 한들 탄소배출량은 크게 줄지 않는다. 상황에 따라서는 오히려 전기차 사용이 더 많은 탄소배출량을 유발할 수 있다. 이는 휘발유나 LPG를 사용하는 내연기관 자동차의 소비에너지 단위당 탄소배출량이 전기생산을 위한 석탄 화력발전소의 그것보다 낮기 때문이다. 예를 들어 석탄의 탄소배출량은 399g CO_2/kWh인데, 휘발유는 264g CO_2/kWh 그리고 LPG는 239g CO_2/

| 그림 1_ 전기생산에 사용된 전 세계 연료별 소비량 추이 (출처: Statistical Review of World Energy (2024)) |

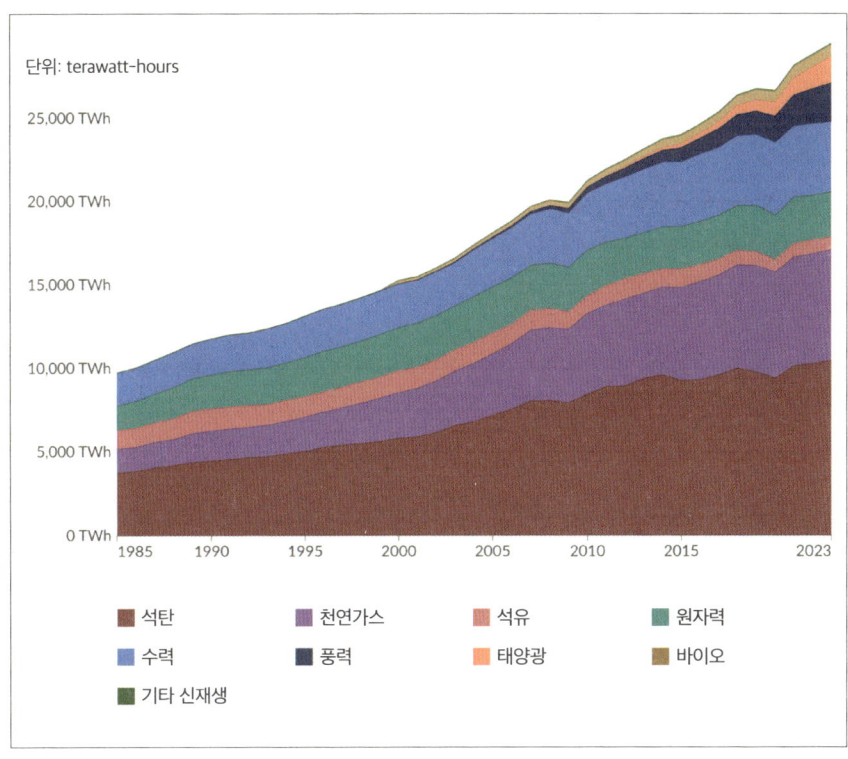

kWh로 석탄보다 훨씬 낮다.[21] 석탄이 휘발유보다 51%, LPG보다 67% 더 많이 탄소를 배출한다. 물론 화력발전소의 평균 효율이 내연기관 자동차의 평균 효율보다 높기 때문에 실제 탄소배출량의 차이는 이보다 조금 낮을 수 있다. 하지만 석탄 사용이 더 많은 탄소를 배출하는 것은 변함없다.

그런데도 테슬라는 전기차를 판매한다는 이유로 탄소배출권 부여라는 특혜를 받고 있으며 이를 판매함으로써 상당한 이익을 매년 취하고 있다. 아래는 테슬라가 '공짜로' 받은 탄소배출권을 판매해 얻은 이익을 연도별로 나타낸 도표다. 테슬라는 2023년에만 탄소배출권 판매로 약 17.9억 달러, 즉 약 2.38조 원에 달하는 엄청난 이익을 챙겼다.[22] 전기차 사용 증가로 실제 탄소배출량은 줄기는커녕 증가했을 가능성이 큰데 매년 이렇게 공짜로 이익을 챙긴다는 사실이 아이러니하다.

전 세계의 탄소배출량을 줄이려는 목적이라면 탄소배출 없이 전기를 생산하는 수력, 풍력 그리고 기타 신재생 에너지 기업에만 탄소배출권을 부여하는 것이 옳다. 전기를 사용하는 업체에 부여하는 것은 타당하지 않다.

| 그림 2_ 테슬라 연도별 탄소배출권 판매 금액 (출처: Carbon Credits) |

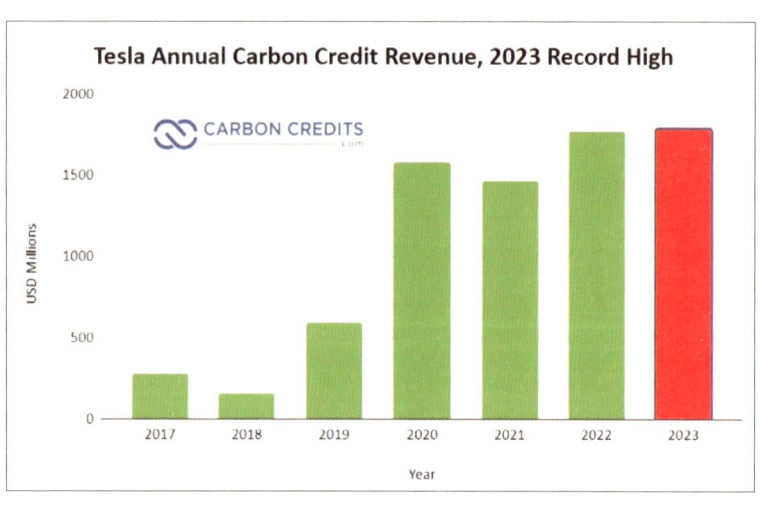

테슬라의 미래를 완전한 자율주행에서 찾는 사람도 있다. 테슬라의 자율주행 기술이 현재 가장 진보된 기술이니 가까운 미래에 글로벌 스탠더드가 될 것이고, 앞으로 어마어마한 이익을 낼 것이라는 착각이다. 현재의 자율주행 방식은 각 자동차에 수많은 센서와 카메라를 부착하고 엄청난 데이터를 처리 분석하는 방식으로 이루어진다. 기본적으로 시행착오Trial & Error를 거쳐 쌓은 데이터를 기반으로 운용하는 방식이다. 그래서 시간이 지날수록 조금씩 개선은 있겠지만 발생할 수 있는 시나리오는 거의 무한에 가깝다. 그러다 보니 각 차량의 독립적인 자율주행 방식으로는 분명 한계가 있다. 예전에 길을 가로막고 있던 흰 트럭을 테슬라 차량이 인식하지 못해 부딪힌 사고가 여럿 있었다. 사고가 날 때마다 또는 사망자가 발생할 때마다 소프트웨어를 개선한다고 하지만 이와 비슷한 상황 인식 오류 케이스는 무한대로 발생할 수 있다. 따라서 현재와 같은 방식으로는 계속 미완성 기술로 남을 것이다.

만약 미래에 진정한 의미의 자율주행이 이뤄진다면 현재와 같은 독립 방식뿐만 아니라 모든 자율주행 차량이 주행 데이터를 서로 교환 처리하는 방식으로 이뤄질 것으로 보인다. 차량의 독립적인 자율주행 능력과 자율주행 차량 간 데이터 교환이라는 두 방식의 병렬 처리를 통해 진정한 자율주행이 실현될 것이다. 따라서 자율주행은 테슬라만의 단독 자산이 아닌 여러 업체/기관과의 기술 협력/공유를 통한 방식으로 진행될 것이고, 큰 수익모델로 발전하기에는 어려움이 있다고 본다.

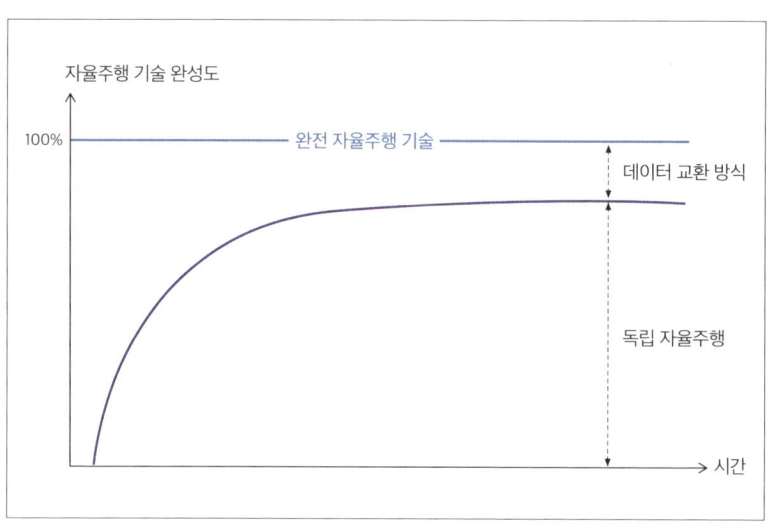

기본적으로 전기차의 수익성은 기존 내연기관/하이브리드 차량에 비해 현저히 떨어진다. 요약하면 전기차는 여전히 보조금으로 연명하는 사업이다. 전기차를 가장 싸게 만든다는 중국조차 보조금을 폐지하자 수많은 전기차 기업이 파산 위기에 놓였다. 배터리가 차지하는 비중이 너무 크고 비용이 너무 비싸 보조금 없이는 기존 내연기관/하이브리드 차량과 공정하게 경쟁하기에는 여전히 어렵다. 그나마 남아 있는 보조금마저 폐지된다면 현재 전기차의 일시적 수요 부진을 일컫는 캐즘Chasm 현상이 장기화될 것이다. 물론 전기차 시장은 지난 몇 년간 크게 성장했다. 전 세계 판매 차량 수에서 전기차의 비중은 2018년 2%에 불과했으나, 2022년 14%, 2023년 18%로 크게 성장했다.[23] 하지만 이제 서서히 그 한계에 도달하고 있다. 이는 전 세계 각국에서 보조금을 서서히 줄인 결과이기도 하고, 전기차가 가진 여러 문제 때문이기도 하다.

아래는 2024년 2분기까지 테슬라의 이익을 나타낸 도표다.

테슬라의 차량 판매는 증가 추세지만 매출 총이익률Gross Profit Margin 은 2022년 1분기를 정점으로 하락 추세다. 매출 총이익률의 감소 영향은 순익에도 부정적 영향을 끼치며 2022년 4분기 주당 순이익 1.19달러를 정점으로 계속 하락 추세다.

테슬라의 실적은 이미 2~3년 전에 정점을 찍은 후 하락세에 접어들었다. 그동안 정당하지 않은 탄소배출권 판매와 여러 국가에서 지

| 그림 3_ 테슬라 판매 대수 대 실적 추이 (출처: Statista) |

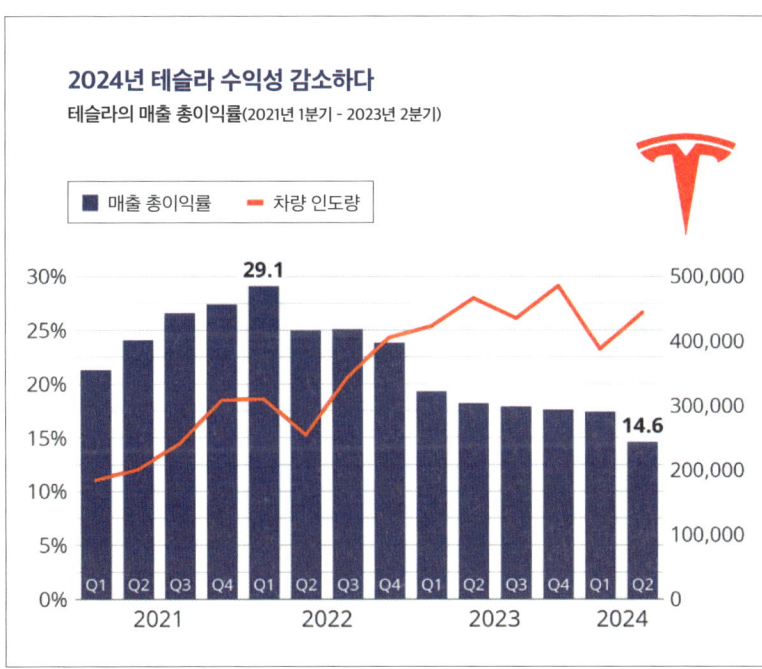

| 그림 4_ 테슬라 주당 순이익 (출처: Investing.com) |

Tesla 311.18 -19.06 (-5.77%)

Release Date	Period End	EPS / Forecast	Revenue / Forecast
Jan 22, 2025	12/2024	-- / 0.7539	-- / 27.38B
Oct 23, 2024	09/2024	0.72 / 0.6	25.18B / 25.4B
Jul 23, 2024	06/2024	0.52 / 0.61	25.5B / 24.33B
Apr 23, 2024	03/2024	0.45 / 0.49	21.3B / 22.27B
Jan 24, 2024	12/2023	0.71 / 0.73	25.17B / 25.61B
Oct 18, 2023	09/2023	0.66 / 0.73	23.4B / 24.32B
Jul 19, 2023	06/2023	0.91 / 0.79	24.93B / 24.29B
Apr 19, 2023	03/2023	0.85 / 0.86	23.3B / 23.78B
Jan 25, 2023	12/2022	1.19 / 1.15	24.32B / 24.68B
Oct 19, 2022	09/2022	1.05 / 1.05	21.45B / 21.45B
Jul 20, 2022	06/2022	0.76 / 0.76	16.93B / 16.93B
Apr 20, 2022	03/2022	1.07 / 1.07	18.76B / 18.76B
Jan 26, 2022	12/2021	0.85 / 0.85	17.72B / 17.72B
Oct 20, 2021	09/2021	0.62 / 0.62	13.76B / 13.76B
Jul 26, 2021	06/2021	0.48 / 0.48	11.96B / 11.96B
Apr 26, 2021	03/2021	0.31 / 0.31	10.39B / 10.39B
Jan 27, 2021	12/2020	0.27 / 0.27	10.74B / 10.74B
Oct 21, 2020	09/2020	0.76 / 0.59	8.77B / 8.435M

급한 보조금으로 성장이 지속되는 것처럼 보였으나, 보조금 축소가 현실화되면서 실적 하락은 여실히 드러나고 있다. 그런데도 여전히 많은 투자자가 테슬라를 객관적으로 보지 못하고 긍정적인 내용에만 주목하는 확증편향에 빠져 있다. 테슬라의 투자자 중에는 군중심리에 휩쓸려 남들도 하니까 나도 하는 식으로 또는 수박 겉핥기식으로 알아본 후 성급하게 투자한 사람도 많을 것이다.

나는 전기차를 부정하는 것이 아니다. 언제가 될지 모르지만 핵융

합 발전이나 실용적이며 지속 가능한 신재생 에너지가 상용화되면 전기차와 수소차는 주류가 될 수도 있다. 하지만 그전까지 전기차는 현재와 마찬가지로 시장 점유율 최대 20%대에 머물 것으로 보인다. 지금과 마찬가지로 내연기관과 하이브리드 차량이 앞으로도 상당 기간 자동차 시장의 주류로 남을 것이라는 게 나의 생각이다.

물론 미래는 아무도 알 수 없다. 테슬라에 대한 내 생각이 나중에 틀렸다고 결론 날 수도 있다. 테슬라의 주가가 나의 예상과 반대로 사상 최고가를 뚫고 더 상승할 수도 있다. 2020년에 테슬라를 매수했더라면 큰 시세 차익이 났을 텐데 나는 후회할까? 후회하지 않는다. 테슬라 주가가 어떻게 움직이든 나에게 가장 중요한 것은 기업의 지속 가능한 이익 창출력이다. 당시나 지금이나 테슬라는 나에게 있어 장기투자에 적합하지 않고 매력 없는 고평가 테마주일 뿐이다.

성장주라고
꼭 성공을
보장하는 것은 아니다

　투자에는 많은 스타일이 존재한다. 성장주를 좋아하는 사람도 있고 나처럼 배당을 많이 주는 저평가 가치주를 좋아하는 사람도 있다. 투자금이 작을수록 잠재력을 가진 성장주에 관심을 가지기 마련인데, 특히 미국 성장주에 투자해야 한다고 생각하는 사람들이 많다. 하지만 미국 성장주라고 꼭 성공을 보장하리라는 법은 없다.

　물론 테슬라처럼 성장 스토리에 기반한 장기투자는 아주 큰 이익을 가져다줄 수도 있다. 하지만 동시에 그런 스토리대로 흘러가지 않을 가능성 또한 존재한다. 이른바 하이 리스크 하이 리턴 High Risk High Return 이라 부르는 투자 스타일로, 잃지 않는 투자를 장기간 이어갈 방법은 못 된다.

한때 제2의 테슬라가 될 것이라 주목받으며 시끌시끌했던 니콜라의 주가를 살펴보자. 우리나라 기업 한화도 투자했던 기업이다. 전기 트럭에 비해 수소 트럭이 가진 여러 강점이 부각되면서 주가는 폭등했지만, 부족한 기술력과 이익 창출력이 거의 없다는 사실이 밝혀지면서 폭락했다.

니콜라뿐만 아니라 이런 사례는 수두룩하다. 테슬라와 가끔 비교되는 또 다른 전기차 기업 루시드의 차트 역시 안쓰러운 수준이다.

이는 자동차 섹터에 국한된 이야기가 아니다. 식물성 대체육으로 엄청난 관심을 받았던 비욘드미트의 주가는 어떨까?

물론 이렇게 실패한 사례만 있는 것은 아니다. 성장 스토리에 기반한 기업의 주가는 반짝 상승했다가 이익 창출력이 뒷받침되지 않으면

| 그림 5_ 니콜라 차트 (출처: Investing.com) |

| 그림 6_ 루시드 차트 (출처: Investing.com) |

| 그림 7_ 비욘드미트 차트 (출처: Investing.com) |

결국 하향 평준화되는 것이 표준이라는 점에 주목해야 한다.

물론 테슬라나 엔비디아 같은 주식에 장기투자해 성공한 분들도 있다. 이런 분들에게 외람된 말이 되겠지만, 기업에 대한 혜안을 가진 극소수를 제외한 대다수는 운이 좋았을 뿐이다. 사놓고 잊은 로또가 당첨된 것이다. 사놓고 잊고 있었을 확률이 높다. 잊지 않았다면 진작에 팔았을 가능성이 높기 때문이다. 형편없는 이익 창출력에 비해 주가가 이렇게 상승하리라고는 아무도 몰랐을 것이다.

고평가된 주가에 비해 이익 창출력은 여전히 형편없지만 마침 운 좋게 친환경과 AI라는 테마가 뜨거운 이슈가 되었고 전 세계 투자자의 관심을 집중적으로 받으면서 주가가 폭등한 것이다. 그뿐이다.

물론 기업에는 이익 창출력뿐만 아니라 지금 즉시 수치로 환산할 수 없는 기술력이나 잠재력 또는 미래 시장성 등 여러 잠재 가치가 있을 수 있다. 하지만 기업의 가치는 결국 이익 창출력으로만 증명된다. 시간이 지나도 이익으로 환산될 수 없는 기술력이나 잠재력 또는 성장성은 아무 쓸모가 없다.

테슬라나 엔비디아 투자자는 미래에 대해 각자만의 청사진이 있을 것이다. 전기차는 가까운 미래에 내연기관차를 모두 대체하며 주류가 될 것이고 테슬라의 자율주행은 곧 국제표준이 되리라 생각할 것이다. 또한 로보택시와 휴머노이드 로봇이 출시되어 테슬라의 사업이 더욱 확장되리라 전망할 것이다. 엔비디아의 AI 칩은 가까운 미래에 인간의 여러 작업을 대체할 AI를 학습시키는 데 활용될 것이므로 폭발적인 성장세를 꾸준히 이어갈 것이라고 생각할 수 있다. 하지만 예상대로만 이야기가 흘러가지 않는 게 세상 이치다. 불확실한 미래보다는 확인 가능한 현재 기업의 본질가치에 내가 더 집중하는 이유다.

얼마 안 되는 투자금으로 주변에서 추천하는 성장주로 시작하려는 상황이라면, 다음 챕터를 읽고 판단을 내리면 좋겠다.

가치주라고
성장을
못 하리라는 법은 없다

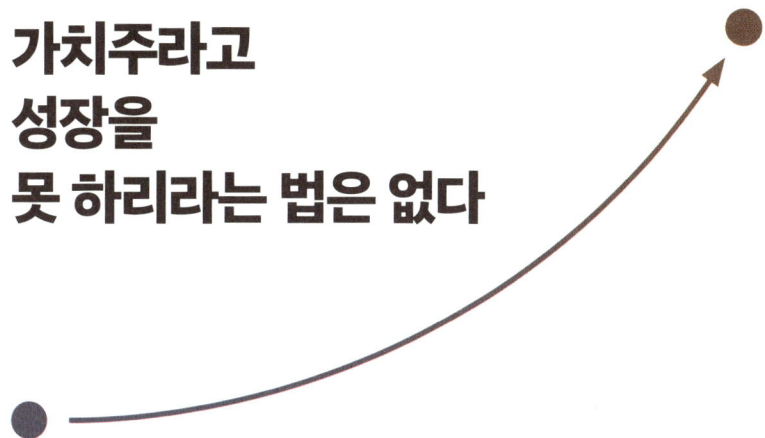

가치주라 하면 기업의 본질가치는 좋은데 더 이상 성장을 못 하고 있다는 이미지가 강하다. 하지만 성장주라고 꼭 성공하리라는 보장이 없듯이 가치주라고 성장을 못 하리라는 법 또한 없다. 주식에는 여러 요소가 복합적으로 작용한다. 성장주와 가치주라는 이분법적 사고에서 벗어나지 못하면 시야가 좁아져 기회를 놓칠 수 있다.

아래는 미국 어느 기업의 주가 차트다. 주가는 1970년부터 현재까지 꾸준한 상승을 이어가고 있다. 2020년 코로나19 여파로 크게 하락한 적이 있으나 금방 회복한 후 추가 상승을 이어가고 있다. 어떤 기업의 차트일까?

| 그림 8_미국 어느 기업의 차트 |

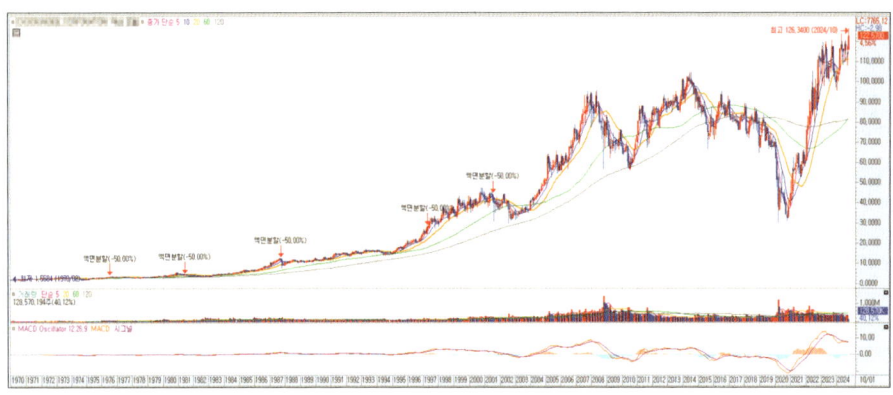

위 차트는 대형 석유 기업 중 하나인 엑슨모빌Exxon Mobil의 것이다. 1970년 1월 2일 종가는 1.9375달러였다. 2024년 10월 10일 종가는 122.57달러이므로 54년 동안 63배 상승한 것이다. 이는 단순히 주가만 비교한 결과다. 여기에 54년이라는 긴 시간 동안 발생한 배당금과 기타 여유자금으로 엑슨모빌 주식을 계속 사 모았다면 그에 대한 복리 효과로 훨씬 높은 성과를 달성했을 것이다.

다음의 차트는 대표적인 가치주 코카콜라의 차트다. 주가는 여전히 우상향 중이다. 1970년 1월 5일 종가는 0.8438달러였고 2024년 10월 10일 종가는 69.25달러다. 약 54년 동안 82배 상승했으며, 코카콜라 역시 투자 기간 동안 발생한 배당금과 기타 여유자금으로 주식을 계속 사 모았다면 훨씬 높은 성과를 달성했을 것이다.

엑슨모빌과 코카콜라의 차트를 다시 한번 살펴보자. 가치주이기 때문에 성장이 정체되어 주가가 더 이상 상승하지 못하는 것으로 보이

| 그림 9_ 코카콜라 차트 |

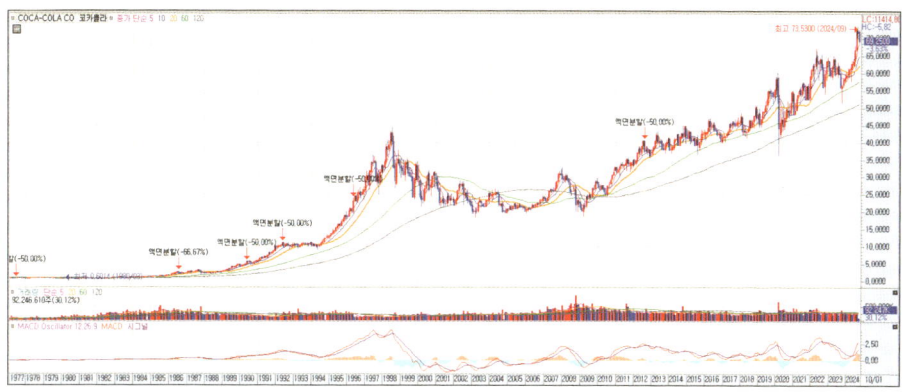

는가? 아니면 계속 상승하는 것처럼 보이는가?

엑슨모빌과 코카콜라 같은 기업은 산업 섹터 특성상 적자를 보기 힘든 구조다. 물론 변동성이 심한 유가가 단기간에 급락하면 엑슨모빌 역시 일시적으로 적자를 볼 수 있다. 하지만 현대 생활에서 석유는 필수 자원이라 유가는 결국 재상승하게 되고, 시간이 지나면 다시 이익 창출력을 회복하게 된다. 더군다나 석유 정제업만 하는 우리나라 정유 기업과 달리 엑슨모빌은 세계적인 대형 석유 기업답게 석유 채굴, 석유 정제 그리고 각종 석유화학 사업을 모두 영위하기 때문에 위험이 분산되어 있다.

그 외에도 향후 기후위험에 대응하기 위한 탄소 포집 및 저장Carbon Capture & Storage[2] 기술이 본격적으로 상용화된다면 앞선 기술력을 바탕으로 사업을 더 확장할 수 있다. 그러니 만만치 않은 성장 잠재력을 가지고 있다.

코카콜라는 전 세계 200개 이상 음료 브랜드를 보유하고 수천 가지 다양한 음료를 생산하는 선두적인 대형 음료 기업이다. 세계 인구가 줄지 않는 한, 세계 인구의 물 그리고 음료 소비가 줄지 않는 한 코카콜라의 이익 창출력은 지속 가능하다고 추정할 수 있다. 실제로 코카콜라는 지난 10년간 한 번도 적자를 기록한 적이 없다.

나는 성장주를 사지 말고 가치주를 사라고 설득하려는 게 아니다. 소리 소문 없이 사라진 성장주도 있고 가치주도 있다. 계속 성장을 이어가는 성장주도 있고 가치주도 있다. 장기투자에 있어 중요한 건 이분법적 사고에 빠지지 않고 군중심리에 휘둘린 성급한 일반화에 빠지지 않는 것이다. 독립적으로 사고해야 한다. 이를 위해서는 타인의 시각에 영향받지 않고, 철저히 자신의 분석과 판단을 바탕으로 투자를 결정해야 한다.

우리는 종종 언론이나 주변에서 설정한 주식의 구분에 따라 고정된 사고방식을 갖게 된다. 예를 들어, 성장주는 이익이 나지 않더라도 사업이 꾸준히 성장하기 때문에 주가가 계속 상승하고, 가치주는 많은 이익을 내지만 성장이 정체되어 주가는 더 이상 상승하지 못한다고 생각한다. 석유와 금융 부문은 이제 사양 산업에 속하기 때문에 더 이상 성장이 없다고 생각한다. 또는 미국 주식은 항상 우상향할 것이고 국내 주식은 앞으로도 계속 저평가될 것이라고 본다. 미래에는 모두

---

2 제철소나 정유 공장 등 이산화탄소를 집중적으로 배출하는 곳에서 이산화탄소를 포집 후 지하 저장소 같은 완전히 밀폐된 곳에 영구 저장하는 기술. DAC(Direct Air Capture)와 같이 대기로부터 직접 이산화탄소를 포집하는 기술도 있으나 효율이 낮다.

친환경의 전기차로 교체될 것이라고 막연하게 믿는 군중심리 역시 마찬가지다. 독립적으로 생각을 못 하고 군중심리에 빠지면 남들과 같은 투자만 하여 결국 큰 기회를 놓치게 된다.

워런 버핏은 말했다. "모두가 탐욕을 부릴 땐 두려워하고, 모두가 두려워할 땐 욕심을 내라." 군중심리를 역이용하면 큰 기회를 잡을 수 있다는 말이기도 하다. 그러기 위해서는 독립적으로 사고해야 하고 본인만의 흔들리지 않는 투자 철학이 있어야 한다.

02

흔들리지 않는 투자

인간의 불안정한 심리가 투영된 증시에서 흔들리지 않는 투자를 하기란 정말 어렵다. 요동치는 시세와 시장의 소음과 혼란이 시장 참여자의 마음을 계속 흔들어댄다. 그런 혼란 속에서 흔들리지 않으려면 본인만의 확실한 투자 철학이 필요하다.

나의 투자 철학

여기까지 책을 읽었다면 나의 투자 철학을 충분히 이해했으리라 생각한다. 그렇다면 이번 글은 지나가도 무방하다. 하지만 여전히 미심쩍다면 읽어보길 바란다.

다음은 워런 버핏의 투자 원칙이다.

제1원칙: 돈을 잃지 말라.
제2원칙: 첫 번째 투자 원칙을 잊지 말라.

버핏이 잃지 않는 투자를 강조한 이유는 복리 효과를 최대화할 수 있기 때문이다. 비록 수익률이 낮더라도 이를 꾸준히 유지할 수만 있

투자 기간	연 5% 수익률 결과	연 8% 수익률 결과	연 10% 수익률 결과	연 12% 수익률 결과
10년	63%	116%	159%	211%
20년	165%	366%	573%	865%
30년	332%	906%	1,645%	2,896%
40년	604%	2,072%	4,426%	9,205%
50년	1,047%	4,590%	11,639%	28,800%

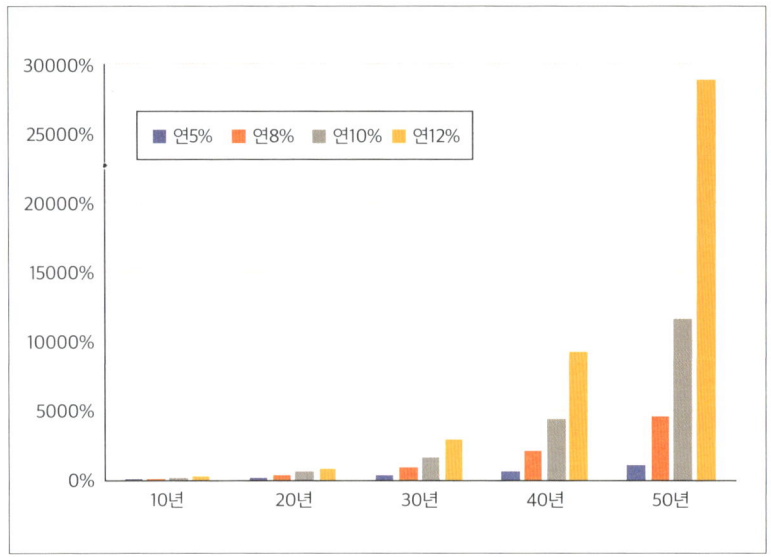

다면, 복리 효과에 의해 투자 성과가 극대화된다. 위는 수익률이 연 5%, 8%, 10%, 12%일 때의 각 투자 기간별 성과다. 수익률 연 5%만 되어도 잃지 않는 투자를 오랜 기간 유지하면 놀라운 투자 성과를 얻을 수 있다. 그리고 약간의 수익률 상승은 복리 효과에 의해 엄청난

차이를 만들어낸다. 1억 원을 투자해 50년간 연 12% 수익률을 유지할 수 있다면 투자 수익금은 약 288억 원이 된다.

하지만 중간에 마이너스가 발생한다면 복리 효과는 급감한다. 예를 들어 100만 원을 투자해 매년 12%의 수익률을 꾸준히 유지한다면 20년 후 평가금액은 965만 원이 된다. 하지만 20년이라는 기간 동안 딱 세 해에만 12% 손해가 났다고 가정해보자. 17년 동안 매년 12% 수익률을 유지했지만 안타깝게도 3년은 12% 손해가 났다면, 20년 후 평가금액은 468만 원으로 급감한다. 따라서 복리 효과를 극대화하려면 비록 연간 수익률이 낮더라도 결코 잃지 않는 게 중요하다.

나의 투자 철학 역시 어느 경우에도 잃지 않는 것이다. 최대한 잃지 않는 투자를 이어감으로써 복리 효과를 극대화하는 것이다. 그러기 위해서는 기업의 본질인 **이익 창출력과 지속 가능성에 초점을 맞춘 장기투자**를 해야 한다. 여기에 더해 **기업의 주주가치 및 주주환원 제고에 대한 노력도 고려**해야 한다. 기업이 아무리 돈을 많이 벌어도 주주가치 및 주주환원을 우선시하지 않는다면 이는 감점 대상이다.

이익 창출력을 우선시하다 보니 아무래도 소위 성장주는 대부분 배제된다. 성장주는 높은 상승을 보일 수도 있지만 취약한 이익 창출력 때문에 언제라도 급락할 위험성이 높다.

투자 종목을 선정하면 이제 주식 수량을 늘리는 것에만 집중한다. 기업의 본질가치와 상관없는 내용과 예측할 수 없는 전망은 모두 잡음으로 처리한다. 예를 들어 '유가가 계속 떨어지는데 오일 섹터 기업 주식을 팔까요?' 또는 '앞으로 A가 미국 대통령이 될 가능성이 높은

데 오일 섹터 기업 주식이 유망할까요?' 같은 질문과 그에 대한 생각은 나에게 아무런 의미가 없다. 유가가 단기간에 어떻게 움직일지 또는 누가 미국 대통령이 될지는 아무도 모른다. 가능성은 가능성일 뿐이다. 단기적인 소음을 정보로 착각하게 되면 소음이 발생할 때마다 휘둘릴 것이고 결국 장기투자는 지속될 수 없다. 나는 확인 가능한 기업의 실적과 활동을 계속 모니터링하며 장기투자를 이어갈 뿐이다.

이와 같은 투자 방식은 매우 보수적인 방법이다. 테슬라나 엔비디아 같은 소위 성장주의 '한 방'이 없으며, 주가는 더딘 흐름을 보인다. 하지만 동시에 매우 잃기 어려운 투자가 된다. 돈을 계속 잘 버는 기업이라면 주가는 하방 경직성을 가질 수밖에 없고 이에 잃기 매우 어려운 투자가 된다. 더군다나 누적되는 배당금으로 투자 손실 가능성은 시간이 흐를수록 작아진다.

만약 주가가 장기간 정체되어 있더라도 기업의 본질가치가 개선되고 있다고 판단되면 내가 할 수 있는 것은 주식을 계속 사 모으는 것뿐이다. 생활비를 사용하고 남은 돈, 배당금 그리고 기타 여윳돈으로 주식을 계속 사 모은다. 주식 수량이 늘면 배당금이 증가하고, 그 돈으로 다시 주식을 사면 선순환이 되면서 복리 효과는 극대화된다.

물론 장기투자 중에는 기업의 본질가치에 중대한 변화가 생길 수도 있다. 내부 요인일 수 있고 외부 요인일 수도 있고 둘 다일 수도 있다. 중대한 변화가 생겨서 더 이상 장기투자를 이어가기 힘들다고 판단되면 주식을 매도하고 다른 저평가 우량주로 교체 매매를 한다.

시간이 얼마나 걸릴지는 알 수 없다. 하지만 본질가치가 개선되는 기업은 결국 그에 맞게 주가가 상승하게 되어 있다. 시장은 불안정하다. 그래서 본질가치에 비해 주가는 초과 상승하기도 급등하기도 한다. 이때는 주식을 매도해 이익을 실현하고 그 돈으로 저평가받는 다른 우량주를 사 모은다. 그리고 앞의 과정을 반복한다. 이게 전부다.

세상만사가 그렇듯 진리는 대개 단순하고 명쾌하다. 투자 역시 마찬가지다. 보통 사람이 이해하기 어려운 온갖 지표, 추세선, 패턴, 수식 또는 어려운 정보로 어느 누가 당신을 현혹하려고 한다면 그 사람은 사기꾼일 가능성이 다분하다. 온갖 방법을 동원해 현혹하고 직접적이든 간접적이든 당신의 부를 탈취하려 할 것이다. 따라서 온갖 사기꾼이 난무하는 투자 세계에서 살아남으려면 각자만의 확고한 투자철학을 정립하는 것이 매우 중요하다.

나의 투자 철학을 딱 한마디로 요약한다면 "저평가 우량주를 계속 사 모으며 지속 가능한 주주환원을 통해 잃지 않는 투자를 이어가는 것"이다. 이 얼마나 단순한가. 이를 위해 필요한 것은 단 한 가지, 고도의 인내심뿐이다.

사명감 있는 투자

　현재 나는 주식 자산 중 약 절반을 국내 금융 섹터에 투자하고 있다. 종목을 밝히자면 하나금융지주, 우리금융지주, 삼성화재 우선주, BNK금융지주, 기업은행이다. 물론 국내 금융지주에 투자한 첫 번째 이유는 본질가치 및 주주가치 제고 노력에 비해 저평가되어 있기 때문이지만 일종의 사명감이 있기도 하다.

　앞에서 밝힌 바와 같이 우리나라 국민의 가계 자산 중 약 80%가 부동산에 묶여 있다. 그리고 부동산의 상당 부분은 담보 대출에 연계되어 있다. 열심히 일해 번 근로소득의 상당 부분을 부동산 담보 대출 원리금을 갚는 데 사용한다. 그렇게 상환된 원리금으로 은행은 매년 큰 이익을 창출하고 있으며, 은행의 이익은 배당이나 자사주 매입 및 소각으로 주주에게 환원되고 있다.

그런데 사실 우리나라 은행의 금융지주 중 상당 부분을 외국인 투자자가 소유하고 있다. 우리나라 4대 금융지주인 KB, 신한, 하나, 우리 금융지주의 외국인 지분율은 점진적으로 계속 상승해 2024년에는 역대 최고 수준이다. 구체적으로 외국인 지분율은 KB금융지주 76.84%, 신한지주 61.20%, 하나금융지주 70.08%, 우리금융지주 42.50%다.[24]

결국 구조상 우리나라 국민은 열심히 일해 번 돈을 외국인 투자자에게 계속 갖다 바치는 것이다. '재주는 곰이 부리고 돈은 되놈이 번다'는 속담에 정확하게 들어맞는 상황이다. 더군다나 향후 저평가 우량주가 본격적으로 상승한다면 자본 이익 대부분은 외국인 투자자에게 갈 것이다.

상황이 이런데 국내 투자자 대다수는 여전히 성급한 일반화에 빠져 우리나라 금융지주를 외면하고 있다. 이런 상황이 국민의 한 사람으로서 매우 안타까울 뿐이다. 국내 투자자들은 우리나라 금융지주가 매력이 없어 미국 주식에 투자한다고들 한다. 하지만 외국인 투자자들은 우리나라 금융지주의 지분율을 높이며 장기투자하고 있으니 아이러니하다. 이익 창출력뿐만 아니라 주주가치 및 주주환원 제고에 힘쓰는 우리나라 금융지주의 국내 투자자 지분율이 더 높아진다면 외화 반출을 줄일 수 있으며, 장기적으로는 큰 자본 이익을 얻을 기회가 될 수 있다.

이는 우리나라 금융지주에만 국한된 이야기가 아니다. 국내의 다른 저평가된 우량주에도 똑같이 적용할 수 있다. 개인으로서 나의 영향력이 극히 미미하다 해도 여전히 주식 자산의 75%를 국내 주식에 투자하고 있는 이유다.

자국민의 노력과 땀으로 이루어진 자국 기업의 성과는 결국 자국민에게 돌아가야 마땅하다. 이를 위해서는 자국민도 자국 기업으로 구성된 증시에 관심을 가지고, 우수한 자국 기업의 주식을 소유할 책임이 있다. 우수한 자국 기업의 주식을 외면하는 것은 사실상 자발적으로 외국인 투자자들의 노예가 되겠다는 선언과 다름없다.

우리나라 주식시장은 이제 주주가치와 주주환원 제고에 눈을 뜨기 시작했으며, 재벌 3, 4세대 오너 경영을 마지막으로 전문경영인 시대에 본격적으로 접어들 것이다. 그 과정에서 오랫동안 이어진 코리아 디스카운트를 벗어날 수 있을지도 모른다. 본격적으로 주가가 상승하기 전에 더 많은 국민이 우수한 국내 기업 주식을 장기 소유해 성과를 함께 나누기를 바란다. 오직 국내 주식에만 투자해야 한다고 주장하는 것이 아니다. 맹목적인 미국 성장주 투자는 멈추고, 올바른 평가를 통해 국내 및 해외의 저평가 우량주에 골고루 분산 투자해야 한다는 뜻이다.

뜨겁게 사랑하고
차갑게 헤어져라

　2014년부터 본격적인 장기투자를 해오면서 큰 변동성을 여러 번 겪었다. 주가는 급등도 급락도 했지만, 기업의 본질가치가 개선되는 상황이라면 주가와 상관없이 주식을 계속 사 모았다. 부정적인 소식이 들리거나 분기 실적이 예상보다 저조한 때도 있었지만 인내하면서 주식을 계속 사 모았고, 결국에는 큰 성과로 돌아온 경우가 대부분이었다. 다음은 내가 장기투자를 시작한 이후 종목당 1억 원 이상 이익을 실현한 매매 종목이다(누적 배당금 포함).

| - S-OIL | - 현대차 |

> - 대한유화
> - POSCO홀딩스
> - 삼성생명
> - 메리츠금융지주
> - 한국타이어앤테크놀로지

짧으면 1년 정도 보유한 경우도 있지만 대다수는 4~5년 보유한 후 매도했다. 매도 금액으로는 다른 저평가 우량주로 교체 매매했다. 매도한 이유는 단순했다. 투자를 시작한 시점에는 충분히 저평가되어 있었지만, 시간이 어느 정도 지나자 주가가 본질가치보다 월등히 높아졌기 때문이다.

물론 장기투자를 이어가도 결국 손절매한 종목도 있다. 대표적인 것이 롯데케미칼이다. 롯데케미칼은 다양한 석유화학 제품을 생산하는 종합석유화학 기업으로 우수한 이익 창출력을 가지고 있었다. 저평가되었다고 생각한 2020년부터 사 모은 종목이다. 2021년부터 이익이 크게 증가했고 한때는 양호한 플러스 평가익을 보였지만, 2022년 11월 결국 손절매했다. 범용 제품으로 알려진 폴리에틸렌과 폴리프로필렌이 중국에서 쏟아지기 시작하면서 석유화학제품 스프레드는 장기간 침체하였고, 롯데케미칼의 이익은 2022년부터 급감했다.

무엇보다 2022년 10월 일진머티리얼즈(현 롯데에너지머티리얼즈) 경영권 지분 53.3%를 고가에 무리하게 인수했고 이를 위해 유상증자와 외부 차입을 시행한 것이 결정적이었다. 안 그래도 힘들어진 경영환경으로 내실 있는 경영에 집중해야 할 시점에 2차전지 핵심 소재로 알려진 동박 제조업체 일진머티리얼즈 경영권을 100% 가까운 프리미엄까지 추가하면서 인수했다. 그 과정에서 유상증자와 외부 차입까지 시행하며 주주가치를 갉아먹었다. 전기차에 부정적인 견해를 가진 나로서는 더 이상 롯데케미칼에 장기투자할 이유가 없었다. 그래서 2022년 11월 21일, 당시 보유하고 있던 1,642주 전부를 평균 단가 168,848원에 손절매했다. 확정된 손실 금액은 1억 2,558만 원이었다.

롯데케미칼을 매도한 금액은 기존에 보유하던 하나금융지주와 BNK금융지주 그리고 금호석유 우선주 수량을 늘리는 데 사용했다. 결과적으로 이는 주식 자산이 더 커지는 데 큰 역할을 했다.

다음 장에서는 어떤 종목이 장기투자에 적합한지 그리고 이를 어떻게 선정하면 되는지 알아보자.

THE ACCELERATED INVESTING FORMULA

5장

종목 선정 기준

장기투자에
적합한 종목

장기투자에 적합한 종목은 저평가 우량주다. 저평가 우량주의 선정은 간단하다. 이익 창출력, 지속 가능성, 주주환원, 저평가 여부. 이렇게 네 가지 항목만 봐도 충분하다. 여기에 미래 성장 동력까지 더해지면 금상첨화다.

저평가 우량주

 장기투자에 적합한 종목 선정 기준을 설명하기에 앞서 기업의 정의부터 알아볼 필요가 있다. 표준국어대사전에 의하면 기업의 정의는 다음과 같다.

> **기업:** [명사] 영리를 얻기 위하여 재화나 용역을 생산하고 판매하는 조직체. 출자 형태에 따라 사기업, 공기업, 공사 합동 기업으로 나눈다.

 즉 기업은 이익을 내기 위해 존재한다. 이익을 내지 못한다면 존재할 이유가 없다. 그만큼 기업을 평가할 때 이익 창출력은 무엇보다 우선 고려되어야 할 요소다. 장기투자에 적합한 종목을 선정할 때도 마찬가지다. 이익 창출력에 비해 저평가된 기업을 발굴해야 한다. 이를 위해 몇 가지 지표를 간단히 알아보자.

주당순이익 / EPS Earning per Share: 기업의 순이익을 주식 수로 나눈 값. A와 B기업의 순이익 규모가 같더라도 A기업의 주식 수가 B기업의 반이라면 A기업의 EPS는 B기업의 EPS보다 두 배 크다. 따라서 A기업의 주식은 B기업 주식보다 가치가 높다.

주가수익비율 / PER Price to Earning Ratio: 주가를 주당순이익(EPS)으로 나눈 비율로, 낮을수록 이익 창출력에 비해 주가는 저평가되어 있다고 볼 수 있다. 간혹 PER 대신 멀티플Multiple이라는 표현으로 사용되기도 하는데 이는 주가가 기업의 주당순이익 대비 몇 배에 해당하는지를 나타내는 표현으로 의미는 PER과 동일하다.

배당 성향: 기업의 순이익 중 배당에 사용하는 비율. 배당 성향이 50%라는 것은 기업이 벌어들인 순이익 중 50%를 배당금 지급에 사용했다는 의미다.

자사주 매입 및 소각: 주주환원 방법의 하나로 기업은 벌어들인 순이익 일부를 배당금으로 지급할 수 있지만 대신 시장에 유통 중인 주식을 매입 후 소각할 수도 있다. 총주식 수를 줄임으로써 주당 가치를 영구적으로 높일 수 있는 것이다. 배당은 한 번 지급으로 효과가 끝나지만 자사주 매입 및 소각 효과는 계속 지속되기 때문에 장기투자자에게 가장 유리한 주주환원 방법이다.

주주환원율: 기업이 배당과 자사주 매입 및 소각에 사용한 금액을 순이익으로 나눈 비율이다. 이 비율이 높을수록 기업이 이익을 주주들에게 더 많이 나눠 준다는 뜻이다. 배당 성향이 낮은데 주주환원율은 높다면 기업이 자사주 매입 및 소각에 더 큰 금액을 사용했다는 의미이다.

아래는 실제 미국 증시에 상장된 세 기업의 분기별 EPS를 비교한 것이다. 어떤 기업이 가장 저평가된 것으로 보이는가?

우선 PER을 계산해보자. A기업의 최근 4분기 EPS를 합한 값은

A/B/C기업 분기별 EPS 비교 (단위: $/주)
현재가는 2024년 6월 28일 종가 기준

분기	A 현재가: $115.12	B 현재가: $198.00	C 현재가: $123.50
2024년 1분기	2.06	0.45	0.61
2023년 4분기	2.48	0.71	0.52
2023년 3분기	2.25	0.66	0.40
2023년 2분기	1.94	0.91	0.27
2023년 1분기	2.83	0.85	0.11
2022년 4분기	3.40	1.19	0.09
2022년 3분기	4.45	1.05	0.06

8.73달러다. B기업은 2.73달러, C기업은 1.8달러다. 현재가를 EPS로 나누면 A기업의 PER은 13.2, B기업은 72.5, C기업은 68.6이다. PER 기준으로 본다면 A, C, B 순으로 저평가되어 있다고 볼 수 있다.

PER 값에 대한 기준은 각자 다를 수밖에 없는데 나의 경우 최소 PER 10 이하는 되어야 저평가되었다고 보는 편이며, PER 20 이상은 고평가되었다고 본다. B와 C기업처럼 PER이 20을 훌쩍 넘는 것은 보통 높은 성장에 대한 기대감이 주가에 반영되었거나, 순이익이 일시적으로 급감했는데 주가가 이를 충분히 반영하지 못했을 때 발생한다. 앞서 설명했듯이 높은 성장에 대한 기대감이 그대로 현실로 이어진다는 보장이 없을뿐더러 설사 높은 성장이 이루어진다 한들 높은 이익 창출력으로 이어진다는 보장은 더더욱 없다. 그래서 나는 PER이 높은 종목을 투자 대상에서 제외하는 편이다.

가끔 특정 기업의 PER을 해당 기업이 속한 섹터의 평균 PER과 비교해서 저평가 여부를 판단하는 경우도 있다. 예를 들어 화장품 섹터 평균 PER은 30인데 특정 화장품 기업의 PER은 20이니까 저평가되어 있다고 보는 것이다. 하지만 화장품 기업에서 발생하는 이익이나 타 섹터에서 발생하는 이익이나 다를 이유가 없다. 이익은 이익이고 돈은 돈이다. 따라서 나는 특정 기업의 PER을 섹터 평균 PER과 비교하기보다는 절대적인 PER 수치 그대로 판단한다. 섹터에 상관없이 10 이하면 저평가되어 있다고 본다.

다음은 앞서 비교한 세 기업의 분기 배당금과 자사주 매입 및 소각 여부를 추가로 나타낸 것이다.

A/B/C기업 분기별 EPS / 배당금 비교 (단위: $/주)
현재가는 2024년 6월 28일 종가 기준

분기	A 현재가: $115.12	B 현재가: $198.00	C 현재가: $123.50
2024년 1분기	2.06 / 0.95	0.45 / 0.00	0.612 / 0.010
2023년 4분기	2.48 / 0.95	0.71 / 0.00	0.516 / 0.004
2023년 3분기	2.25 / 0.95	0.66 / 0.00	0.402 / 0.004
2023년 2분기	1.94 / 0.91	0.91 / 0.00	0.270 / 0.004
2023년 1분기	2.83 / 0.91	0.85 / 0.00	0.109 / 0.004
2022년 4분기	3.40 / 0.91	1.19 / 0.00	0.088 / 0.004
2022년 3분기	4.45 / 0.91	1.05 / 0.00	0.058 / 0.004
자사주 매입 및 소각 정기적 실시 여부	O	X	X

A기업은 분기 배당금을 꾸준히 지급하고 있으며, 2023년 3분기에는 배당금 인상도 이루어졌다. 최근 연간 배당 성향은 약 43%이다. B기업은 분기 배당금을 지급한 적이 없으며 이에 배당 성향은 0%다. C기업은 적게나마 분기 배당금을 지급하고 있으나 배당 성향은 1.2%로 미미한 수준이다.

A기업은 자사주 매입과 소각을 할 기회가 있을 때마다 실시하는 편이며, B와 C기업은 자사주 매입과 소각을 한 적이 없다. 세 기업의 PER, 분기 배당금 규모 그리고 자사주 매입 및 소각 여부까지 비교하니 어떤 주식에 투자해야 하는지 그림이 좀 더 명확해진 것 같다. 지금까지 제공된 정보를 봤을 때 A기업이 장기투자에 적합한 종목이라

고 생각하는 사람이 대부분일 것이다. 나 역시 마찬가지다.

우리가 살펴본 A/B/C의 실제 기업명을 순서대로 나열하면 엑슨모빌, 테슬라, 엔비디아다. 실제 어떤 기업인지 알게 되니 어떤 생각이 드는가? 혹시 생각이 달라졌는가? 그렇다면 아직 기업의 본질가치에만 집중하는 데 익숙하지 않아서일 것이다. '미래지향적인 전기차 그리고 AI 기술 관련 기업의 주식에 투자해야지 사양 산업으로 알려진 오일 섹터 기업에 장기투자를 어떻게 해?' 이렇게 되물을 수도 있다. 하지만 저평가 우량주에 장기투자를 하기로 마음먹었다면 기업의 그럴듯한 겉모습보다는 본질가치에 집중해야 한다. 이렇든 저렇든 기업은 이익을 내야 하고 그러지 못한다면 아무 소용이 없다.

물론 테슬라와 엔비디아는 인기 주식이다. 하지만 그렇다고 꼭 가치 있는 주식은 아니다. 또한 가치주라고 꼭 인기 있는 것 또한 아니다. 사실 이 둘이 일치하는 경우는 많지 않다.

전기차와 AI 관련 산업이 지금은 비록 큰 이익을 못 내고 있지만 앞으로 큰 성장을 통해 큰 이익을 낼 잠재력이 있다고 말할 수도 있다. 물론 그럴 수 있다. 하지만 아닐 수도 있기 때문에 우리는 조심해야 한다. 관성의 법칙[1]은 투자 세계에도 어느 정도 적용 가능하다. 지금까지 꾸준히 이익을 낸 기업은 앞으로도 이익을 창출할 가능성이 높지만, 지금까지 이익을 내지 못한 기업은 앞으로도 이익을 못 낼 가능성이 높다.

---

[1] 관성의 법칙은 뉴턴의 운동 제1법칙이다. 외력이 없을 때 물체는 항상 등속직선운동 상태, 즉 일직선을 따라 같은 속력으로 움직이는 상태를 유지한다는 법칙이다.

기업의 미래 성장 잠재력이 중요하지 않다는 게 아니다. 중요하지만, 예상한 대로 스토리가 흘러가지 않을 경우를 대비해 미래와 관련된 내용은 최대한 현실적으로 또는 비판적으로 보아야 한다. 기존 내연기관 자동차를 전부 전기차로 대체하는 게 현실적으로 정말 가능할까? 탄소배출권 그리고 보조금 없이도 전기자동차 업체는 이익을 안정적으로 낼 수 있을까? AI 기술은 미래에 어떤 방식으로 적용되고 구체적으로 어떻게 이익을 창출할 수 있을까? 그 방법은 과연 현실적일까? 인류는 앞으로도 석유를 계속 사용할까?

저평가 우량주를 간단히 정의하기란 어렵다. 하지만 나는 다음과 같이 정의하고 싶다.

> **저평가 우량주**: 지속 가능한 이익 창출력, 우수한 주주환원 그리고 충분한 성장 잠재력에 비해 그 가치가 주가에 충분히 반영되지 못해 증시에서 낮은 가격에 거래되는 주식. 일반적으로 PER은 10 이하이며 주주환원율은 40% 이상이다.

주주환원

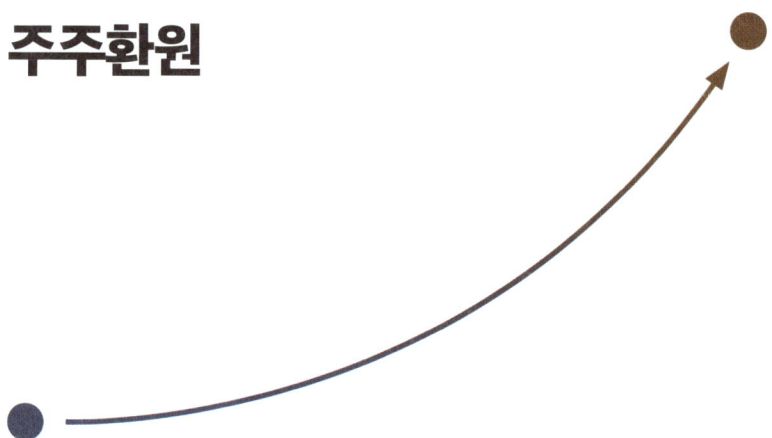

　기업의 이익 창출력 못지않게 중요한 것이 기업의 주주환원 의지다. 기업은 순이익 중 일부를 주주환원에 사용하지만, 가끔 주주환원에 가용할 순이익이 없을 때의 태도를 보면 주주환원에 대한 기업의 평상시 생각을 알 수 있다. 어려울 때 진가를 알 수 있듯이 기업이 어려울 때의 주주환원에 대한 대응을 보면 그 진심을 알 수 있다.

　2020년은 코로나19로 오일 섹터 기업에게 역사상 최악의 해로 기록되었다. 세계 각지에서 사람들의 이동 및 물류가 제한되고 각종 소비가 줄면서 석유 수요는 일시적으로 급감했다. 이에 석유 공급이 흘러넘치자, 석유 선물 가격은 마이너스 가격대에 진입하는 초유의 사태가 일어났다. 석유를 생산하는 업스트림Upstream, 석유를 정제하는 미드스트림Midstream, 추가 공정을 통해 각종 석유화학제품을 생산하는 다운스트림Downstream 기업 할 것 없이 오일 섹터에 속한 모든 기업이 대규모 적자를 기록했다.

세계 최대 민간 석유 기업인 엑슨모빌 역시 적자를 기록한 상태였지만, 배당금을 축소하거나 아예 중단한 기업들이 속출하는 상황에서도 분기 배당금을 유지하기로 했다. 다만 1982년 이후 배당금을 한 해도 빠짐없이 매년 인상했지만, 2020년에는 배당금 인상 없이 동결했다.[25] 경영상 어려운 여건에서도 기업이 주주와의 약속을 최대한 지키기 위해 배당금 유지를 결정하는 태도에서 엑슨모빌이 주주환원에 얼마나 진심인지를 파악할 수 있다.

석유 가격은 얼마 지나지 않아 반등에 성공했고, 이에 엑슨모빌의 이익은 급증했다. 석유 가격 상승 폭에 비해 이익 상승 폭은 증권사 예상보다 컸다. 어려운 시기를 보내는 동안 원가 절감을 위해 노력했고 석유 생산 단가를 코로나19 전보다 낮췄기 때문이다. 이익금 규모가 얼마나 컸는지 당시 조 바이든 미국 대통령은 "올해 엑슨모빌은 하나님보다 더 많이 돈을 벌었다"[26]고 말했다. 2020년 동결되었던 배당금은 2021년부터 인상했고, 이에 더해 상당한 금액을 자사주 매입 및 소각에 사용했다.

엑슨모빌 PER은 현재 13을 넘겼고, 내가 보유한 엑슨모빌 평가 수익률은 200%를 초과했다.[2] 하지만 주주환원에 얼마나 진심인지 알기

---

[2] 원화 기준.

때문에 주식을 5년째 보유 중이며 앞으로도 특별한 일이 없으면 엑슨모빌 장기투자를 이어갈 생각이다.

 주주환원에 진심인 기업은 미국에만 있는 것이 아니다. 국내 대형 금융지주 또한 주주환원에 적극적이다. 예를 들어, 정부의 압력으로 국내 모든 금융지주가 배당금을 낮출 수밖에 없었던 2020년을 제외하고 하나금융지주는 10년 이상 배당금을 매년 인상하고 있으며 자사주 매입 및 소각을 정기적으로 시행하고 있다. 이런 노력에 비해 주가는 더디게 상승하고 있지만 언젠가는 이런 노력이 빛을 발해 상당한 주가 상승이 있을 것으로 의심치 않는다.

 국내 주식 중 주주환원에 가장 적극적인 기업을 뽑으라고 하면 메리츠금융지주를 선택할 것이다. 엑슨모빌과 하나금융지주는 과반의 지분을 보유한 확실한 오너가 없다. 그래서 눈치 볼 필요 없이 주주가치 제고를 위해 비교적 쉽게 결정할 수 있다. 하지만 오너가 직접 경영할 경우에는 오너의 입김이 작용해 주주가치 제고를 우선시하지 못하는 경우가 많다. 하지만 메리츠금융지주는 오너 경영임에도 불구하고 회장 본인이 주주가치 제고를 위해 노력했고, 그 결과 중복 상장 문제를 해소하기 위해 이미 상장된 메리츠증권과 메리츠화재를 완전 자회사로 만든 후 상장 폐지했다. 동시에 순이익 50% 이상을 주주환원에 사용하겠다고 선언했고 이후 적극적인 자사주 매입 및 소각을 시행함으로써 주가는 엄청난 상승을 이어가고 있다. 2020년 최저점 5,560원 대비 현재 주가는 약 19배 상승한 106,000원 수준을 보이고 있으며, 여전히 상승 추세를 이어가고 있다. 배당보다 자사주 매입 및

| 그림 1_ 메리츠금융지주 차트 (2020-2024) |

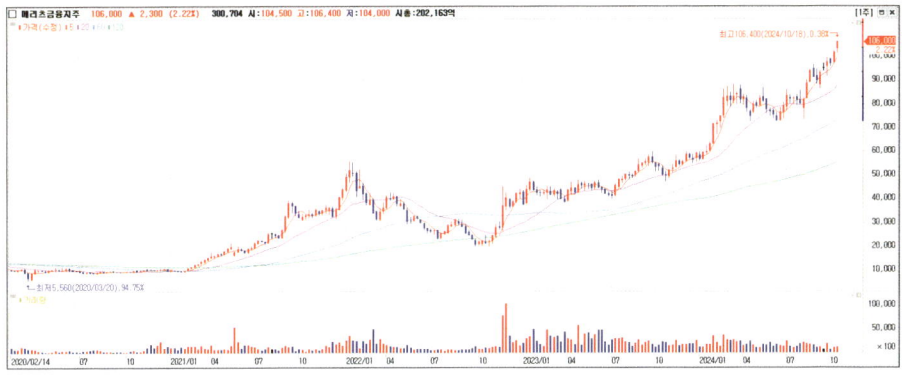

소각이 주가 상승에 더 효과적이라는 것을 잘 보여준 사례다.

   기업의 이익 창출력은 중요하다. 하지만 이익 창출력이 아무리 우수하다 한들 이를 주주환원에 사용하지 않는다면 소용없다. 물론 주주환원에 사용하는 대신 기업의 성장을 위한 투자 활동에 사용한다면 이해할 수 있지만, 간혹 이익은 계속 누적되는데 특별한 투자 활동도 없이 극히 일부만 주주환원에 사용하고 현금 형태로 사내 유보금을 꾸준히 쌓는 기업이 있다. 이런 기업은 주주환원 의지가 매우 낮은 기업으로 장기투자 대상으로 적합하지 않은 경우가 많다.

   우수한 이익 창출력으로 기업 내에 현금은 계속 누적되는데 특별한 투자 활동을 하는 것도 아니고 그렇다고 주주환원에 큰돈을 사용하는 것도 아니기 때문에 매우 낮은 부채비율을 보이기도 한다. 물론 낮은 부채비율은 불확실한 미래를 대비한다는 차원에서 꼭 나쁜 것은 아니다. 하지만 모든 것에는 적당한 수준이 있듯이 극히 낮은 부채비율은 장기투자 종목 선정 시 조심해야 할 사항이다. 장기투자 종목 선정 시, 극히 낮은 부채비율이 소극적인 주주환원 정책과 맞물린 것이 아닌지 고려해야 한다.

주주환원은 특별한 것이 아니다. 주주는 기업의 주인이고 이에 기업의 성과를 같이 나누는 것은 당연하다. 하지만 국내 증시에서 주주환원에 적극적인 기업은 가물에 콩 나듯 하는데, 우리나라 상법이 이사의 충실의무 대상을 '회사'로 한정한 영향이 크다.

이사회는 기업의 업무 집행에 관한 의사를 결정하는 기관이다. 배당이나 자사주 매입 및 소각 같은 주주환원 내용은 모두 이사회에서 결정된다. 이사회의 구성원인 이사의 충실의무 대상이 '회사'로 한정된다면 소수 주주의 이익 보호 및 주주환원 내용은 우선순위가 아무래도 떨어질 수밖에 없다.

충실의무 대상의 범위를 '회사와 주주'로 확대하는 것이 가장 이상적일 수 있지만, 이 경우 단기 차익만을 노린 소수 주주들의 단기적 이익 추구 행위가 증가함에 따라 기업의 장기적인 경쟁력에 부정적 영향을 미칠 수 있다. 따라서 주주환원 문제는 궁극적으로 각 기업 경영인의 선의에 의존할 수밖에 없는 것이 현실이다.

주주환원은 법을 통해 강제할 수 없다. 결국 가장 중요한 것은 각 기업의 주주환원 의지인데, 이는 기업의 과거 주주환원 기록을 통해 확인 가능하다.

미래 성장 잠재력

　3장에서 지속 가능한 투자에 대해 알아보았고, 이번 장에서는 저평가 우량주 및 주주환원에 대해 알아보았다. 그리고 이번 글에서는 미래 성장 잠재력에 대해 알아보고자 한다.

　성장주의 경우 예상되는 성장 스토리대로 흘러가지 않을 가능성이 있기에 위험이 크다고 앞서 말한 바 있다. 그러므로 잃지 않는 투자를 위해서는 성장 잠재력보다 기업의 이익 창출력에 우선순위를 두는 것이 더 효과적이다. 하지만 그렇다고 기업의 미래 성장 잠재력이 중요하지 않다는 것은 아니다.

　기업의 이익 창출력이 현재 양호하더라도 급변하는 상황에 따라 언제든지 급감할 수 있다. 한때 높은 이익 창출력을 자랑했던 다국적 기업 중에는 유명무실해진 기업들이 적지 않은데, 노키아나 모토로라 같은 기업이 그랬다. 노키아는 2007년 시장 점유율 63%를 차지한 확고한 세계 1위 휴대전화 기업이었지만, 2014년 미국 마이크로소프트에 팔렸다가 2016년 핀란드 HMD 기업에 팔렸고 현재는 소량의 스마트폰을 제조하는 기업으로 전락했다. 모토로라는 세계 최초로 휴대전화를 개발한 회사였고 한때 많은 사람이 선망한 세계적 기업이었지만 현재는 중국에 팔려 사실상 이름만 남은 상태다. 이 기업들은 현실에 너무 안주한 나머지 휴대전화 생태계가 스마트폰으로 빠르게 전환되는 시대 흐름을 놓쳤고 그 결과 한순간에 몰락했다. 그러므로 장기투자 종목을 선정하기 위해서는 현재의 이익 창출력도 봐야 하지만 기업의 미래 성장 잠재력도 같이 살펴야 한다.

미래 성장 잠재력이라고 해서 꼭 뭔가 대단하고 거창한 것을 의미하는 것은 아니다. 다가올 미래의 변화에 맞춰 기업이 이익을 현실적으로 창출할 수 있는 새로운 또는 개선된 비즈니스 모델이 있는지를 따져봐야 한다. 핵심은 이익을 '현실적으로 창출할 수 있는가'이다. 초점이 '새로운 비즈니스 모델'에만 맞춰 있어서는 안 된다. 어쨌든 기업의 본질은 이익 창출이기 때문에 새로운 비즈니스 모델의 화려하거나 거창한 겉모습에 현혹되어서는 안 된다.

엑슨모빌의 사례를 살펴보자. 인류는 미래에도 화석연료가 필요할 것이다. 앞서 여러 번 말했듯이 화석연료는 단순히 연료로만 사용되는 것이 아니라 현대 생활에 꼭 필요한 필수품의 원재료인 경우가 많다. 하지만 그렇다고 앞으로 수요가 무한정 올라가지만은 않을 것이다. 결국에는 환경 보호 면에서 플라스틱 용기나 비닐봉지 같은 일회용품의 사용을 제한할 것이고, 석유화학 제품 수요가 줄어들 수 있다. 따라서 미래의 특정 시점부터는 화석연료 수요가 정점을 찍은 후 전반적으로 정체되는 모습을 보일 수 있다. 그렇다면 엑슨모빌과 같은 대표적인 석유 기업에는 미래가 없는 것일까? 화석연료 수요가 존재하는 한 엑슨모빌은 앞으로도 이익을 안정적으로 창출할 것이다. 하지만 수요가 정체된다면 기업의 이익은 정체될 수밖에 없다. 그렇다면 엑슨모빌은 이러한 상황에 대비해 어떤 새로운 비즈니스 모델을 가지고 있을까?

다음 페이지의 그림은 대기 중 이산화탄소 농도의 추이를 나타낸 차트다.

확실히 이산화탄소 농도는 시간이 흐를수록 높아지는 추세를 보인다. 당연한 결과다. 우리나라를 비롯한 몇 나라는 인구가 감소하는 추세로 돌아섰지만, 세계 인구는 여전히 증가하는 중이고 이에 각종 제품의 생산과 소비가 늘어나니 탄소배출은 자연스럽게 증가할 수밖에 없다. 그리고 증가한 탄소배출은 지구의 평균 온도를 상승시킨다. 이에 전 세계 곳곳에서 이상 기후로 인한 피해가 늘고 있다. 결국 미래 어느 시점에서 세계는 탄소배출을 줄이기 위해 지금보다 훨씬 능동적인 노력을 할 것이다. 현시점에서 탄소배출을 줄이기 위한 가장 현실적인 방안이 CCS_{Carbon Capture and Storage}, 즉 탄소 포집 및 저장 기술이다. 즉 탄소배출이 집중된 곳에서 탄소를 포집해서 사용이 끝난 지하 저유층에 영구 저장하는 것이다. 엑슨모빌은 이미 파일럿 CCS 플랜

| 그림 2_ 대기 중 이산화탄소 농도 추이 |
(출처: https://en.wikipedia.org/wiki/Carbon_dioxide_in_Earth%27s_atmosphere)

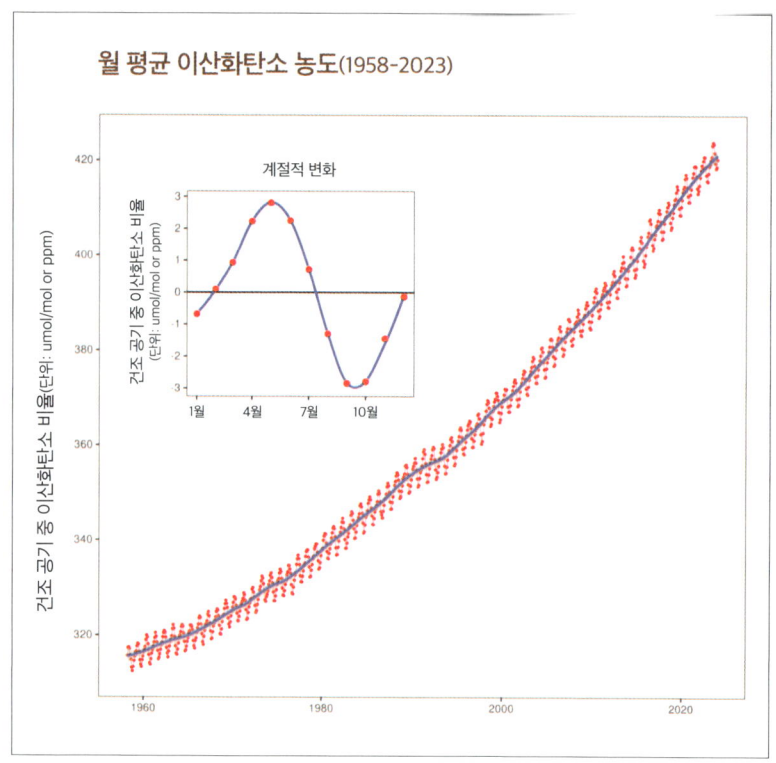

트를 가동하며 해당 분야에서 글로벌 선두로 나서고 있다. 이미 전 세계 곳곳에 탄소를 안정적으로 저장할 수 있는 곳을 선점했고 관련 기술도 계속 연구 개발 중이다. 현재 테슬라가 '가짜' 탄소배출권으로 상당한 이익을 매년 내고 있지만 향후 해당 이익은 모두 엑슨모빌과 같이 '진짜로' 탄소배출을 줄일 수 있는 기업들의 몫으로 돌아갈 것이다.

현대차 사례도 살펴보자. 현대차는 앞선 경쟁력으로 차량 생산 대

수 기준 글로벌 3위 기업으로 올라섰고[27] 1위인 도요타와의 격차를 계속 줄이고 있다. 전 세계 많은 자동차 기업이 불과 2년 전만 해도 짧은 시일 안에 전기차로 100% 전환하겠다는 섣부른 선언을 했지만, 최근에는 말을 바꾸기 시작했다. 100% 전기차 전환은 여러 현실적 이유로 시기상조이기 때문이다. 따라서 전기차 대신 다양한 종류의 하이브리드 자동차가 상당 기간 주류가 될 것으로 보인다. 현재 다양한 종류의 하이브리드 자동차를 모두 생산할 수 있는 기업은 전 세계적으로 몇 안 되는데 그중 하나가 현대차다.

현대차는 기존 내연기관을 포함해 여러 하이브리드 시스템, 전기차, 수소연료 전기차까지 동력발생장치 종류와 상관없이 사실상 모든 차종을 생산할 수 있는 매우 경쟁력 높은 기업으로 성장했다.

최근 테슬라가 휴머노이드 로봇인 '옵티머스'를 자동차 공장에 투입한다는 소식을 들었다. 현대차 역시 계열사인 보스턴다이내믹스를 통해 제작한 인공지능 기반 휴머노이드 로봇을 공장에 투입할 계획이

현대차가 생산 또는 개발 중인 다양한 자동차		
IC	Internal Combustion	내연기관
HEV	Hybrid EV	하이브리드
PHEV	Plug-in Hybrid EV	플러그인 하이브리드
EREV	Extended Range EV	주행거리 연장형 전기차 (또는 하이브리드 / 개발 중)
EV	Battery EV	배터리 전기차
FCEV	Fuel Cell EV	수소연료 전기차

있는 것으로 알고 있다. 향후 휴머노이드 로봇이 자동차 공장에 본격적으로 투입된다면, 제조 공정의 효율화로 기업 이익 창출력에 획기적 개선이 있을 것으로 예상한다. 더군다나 현대차는 계열사를 통해 솔루션을 직접 보유하고 있어, 다른 자동차 기업들과는 차별화된 강점으로 작용할 것으로 보인다.

장기투자를 위한 종목 선정 시에는 기업의 미래 성장 잠재력을 충분히 고려해야 한다. 하지만 더 중요한 것은 우량한 기업의 주식을 본질가치보다 낮은 가격에 사 모으는 것이다. 미래 성장 잠재력은 분명 중요하지만 기업의 이익 창출력, 지속 가능성, 주주환원 의지만큼은 아니다. 아무리 좋은 꿈이라도 현실보다 중요할 수는 없다.

종목 선정 점수표

　기업의 이익 창출력, 지속 가능성, 주주환원, 저평가 여부 모두 중요하다. 장기투자할 기업을 선정할 때 이를 모두 고려해야 하지만 완벽한 기업이란 존재하지 않는다. 따라서 한 점은 약하지만 다른 점은 강하다면 이를 적절히 수치화해서 종합적으로 판단하면 투자 대상 선정에 큰 도움이 된다. 다음은 장기투자 대상을 쉽게 평가할 수 있도록 작성된 평가표다. 해당 평가표는 참고 사항일 뿐이며 절대적 기준이 아님을 먼저 밝힌다.

　총점수는 100점 만점이며 이익 창출력/저평가 여부/지속 가능성에 35점, 주주환원 의지에 40점 그리고 미래 성장 잠재력/기업 경쟁력에 25점이 배점되어 있다. 평가표는 주주환원 의지 부문에 가장 많은 점

종목 선정 점수표					
이익 창출력 / 저평가 여부 / 지속 가능성					점수
PER	<5	<8	<10	>10	20
	20	15	10	5	
PBR	<0.3	<0.6	<1.0	>1.0	5
	5	4	3	0	
이익이 지속 가능한가? (정성적 판단)	대체로 지속 가능		불안정한 이익 창출력		5
	5		0		
중복 상장 여부 (자회사나 손자회사 상장 여부)	중복 상장		단독 상장		5
	0		5		
주주환원 의지					점수
배당수익률	>7%	>5%	>3%	<3%	10
	10	7	5	2	
분기 배당을 실시하고 있는가?	예		아니요		5
	5		0		
배당 연속 인상 연수 (배당 동결 시 연속 인정하나 인상 인정 X)	10년 이상	5년 이상	3년 이상	해당 없음	5
	5	4	3	0	
정기적 자사주 매입 및 소각 여부 (최소 연 1회 이상)	예		아니요		7
	7		0		
소각한다면, 연간 소각 비율 (총주식수 대비)	>2%	>1.5%	>0.5%	<0.5%	8
	8	5	3	0	
자사주 보유 비율	없음	<2%	<5%	>5%	5
	5	4	2	0	
미래 성장 잠재력 / 기업 경쟁력					점수
미래 성장 잠재력 (정성적 판단)	매우 높다	높다	보통	낮다	10
	10	7	5	3	
기업 경영 (정성적 판단)	우수한 경영자		전문 경영자	저조한 실적 오너 경영	10
	10		5	0	
세계적 브랜드 보유 여부	있다			없다	5
	5			0	
총 점수					100

수를 배점했지만, 국내 주식 중에는 주주환원 의지가 낮은 종목이 비교적 많으므로, 전반적인 국내 주식의 점수는 대체로 낮게 나오는 편이다.

정성적 판단 항목이 세 개 있으므로 같은 종목이라도 사람에 따라 다른 점수가 나올 수 있다. 총점수에 대한 설명은 다음과 같다.

투자 점수	투자 등급	설명
80점 초과	A	장기투자 적합 적극 매수
70점~80점	B	장기투자 적합 매수 고려
50~70점 미만	C	장기투자 유지 (홀딩)
50점 미만	D	장기투자 추천하지 않음

A와 B 등급의 경우 장기투자 목적으로 주식 매수를 추천한다. C 등급의 경우 주식을 이미 보유하고 있다면 투자 유지를 추천하지만, 신규 매수 목적으로는 추천하지 않는다. D 등급의 경우에는 장기투자 목적으로는 주식 매수를 추천하지 않는다.

몇 종목을 연습 삼아 점수를 매겨보자. 종가 기준일은 6월 28일로 한다. 평가에 필요한 모든 정보는 증권사 HTS/MTS에 나와 있다. 하나금융지주의 2024년 6월 28일 종가는 60,700원이다. 2023년 기준 EPS는 11,612원이므로 PER은 5.23이다. 이에 점수는 15점이다. EPS는 작년 기준으로 할 수도 있고, 가장 최근 분기 EPS를 기준으로 할 수도 있는데 이는 투자자 생각에 따라 기준을 잡으면 된다.

PBR은 가장 최근 분기를 기준으로 삼는다. 하나금융지주 2024년 1분기 PBR은 0.4이므로 점수는 4점이다.

다음은 기업의 이익 지속 가능성인데 본인은 대체로 지속 가능하다는 판단이다. 따라서 점수는 5점이다.

다음은 중복 상장 여부다. 하나금융지주는 자회사나 손자회사가 증시에 상장되어 있지 않다. 따라서 점수는 5점이다.

하나금융지주의 2023년 총배당금액은 주당 3,400원이다. 따라서 배당수익률은 5.6%이므로 점수는 7점이다. 하나금융지주는 현재 분기 배당을 시행하고 있으므로 이에 대한 점수는 5점이다. 하나금융지주는 정부의 개입으로 배당금을 줄인 2020년을 제외하고 2013년부터 연간 배당금을 연속으로 인상했다. 따라서 5점으로 판단한다.

하나금융지주는 2023년부터 연 1회 이상 자사주 매입 및 소각을 발표하고 있으며 이를 실시하고 있다. 이에 점수는 7점이다. 가장 최근에 실시한 2024년 상반기 자사주 매입 및 소각 계획 규모는 6,479,481주이며 총주식 수는 292,356,598주이므로 약 2.22%이다. 따라서 점수는 8점이다.

하나금융지주의 현재 자사주 보유 비율은 약 1.5%이므로 점수는 4점이다. 하나금융지주의 미래 성장 잠재력에 대해 본인은 '높다'라고 판단하며 이에 점수는 7점이다. 하나금융지주는 과반 지분을 가진 명확한 오너가 없고 자체적으로 선정한 경영자가 기업을 운영한다. 현재까지 경영을 잘하고 있다고 판단하며 이에 점수는 10점이다. 하나금융지주가 세계적으로 알려진 기업은 아니므로 세계적 브랜드 보유 여

| 하나금융지주 종목 선정 점수표 |

각 항목에 해당하는 점수를 합산				
이익 창출력 / 저평가 여부 / 지속 가능성				점수
PER	<5	<8	<10	>10	15
	20	15	10	5	
PBR	<0.3	<0.6	<1.0	>1.0	4
	5	4	3	0	
이익이 지속 가능한가? (정성적 판단)	대체로 지속 가능		불안정한 이익 창출력		5
	5		0		
중복 상장 여부 (자회사나 손자회사 상장 여부)	중복 상장		단독 상장		5
	0		5		
주주환원 의지				점수
배당수익률	>7%	>5%	>3%	<3%	7
	10	7	5	2	
분기 배당을 실시하고 있는가?	예		아니요		5
	5		0		
배당 연속 인상 연수 (배당 동결 시 연속 인정하나 인상 인정 X)	10년 이상	5년 이상	3년 이상	해당 없음	5
	5	4	3	0	
정기적 자사주 매입 및 소각 여부 (최소 연 1회 이상)	예		아니요		7
	7		0		
소각한다면, 연간 소각 비율 (총주식수 대비)	>2%	>1.5%	>0.5%	<0.5%	8
	8	5	3	0	
자사주 보유 비율	없음	<2%	<5%	>5%	4
	5	4	2	0	
미래 성장 잠재력 / 기업 경쟁력				점수
미래 성장 잠재력 (정성적 판단)	매우 높다	높다	보통	낮다	7
	10	7	5	3	
기업 경영 (정성적 판단)	우수한 경영자		전문 경영자	저조한 실적 오너 경영	10
	10		5	0	
세계적 브랜드 보유 여부	있다		없다		0
	5		0		
총 점수				82

부 점수는 0점이다.

위의 모든 점수를 합산하면 82점으로 투자 등급은 A다. 따라서 하나금융지주는 장기투자 목적으로 사 모으기에 적합한 종목이다.

이번에는 삼성전자를 대상으로 점수를 매겨보자. 2024년 6월 28일 종가는 81,900원이다. 2023년 기준 EPS는 2,130원이므로 PER은 38.45다. PER 점수는 5점이다. 2024년 1분기 PBR은 1.48이므로 점수는 0점이다. 기업의 이익 지속 가능성은 대체로 지속 가능하다는 판단이다. 따라서 점수는 5점이다. 삼성전자는 삼성바이오로직스, 삼성전기, 삼성SDI 등 여러 자회사가 증시에 상장되어 있다. 이에 중복 상장 여부 점수는 0점이다.

2023년 총 배당금액은 주당 1,444원이다. 따라서 배당수익률은 1.8%이므로 점수는 2점이다. 분기 배당을 시행하고 있으므로 이에 대한 점수는 5점이다. 삼성전자의 연간 배당금은 연간 실적에 따라 들쑥날쑥하므로 점수는 0점으로 판단한다. 삼성전자는 자사주 매입 및 소각을 하지 않고 있으므로 점수는 0점이다. 자사주 보유 비율은 미미하므로 점수는 5점이다.

삼성전자의 미래 성장 잠재력은 '매우 높다'라고 판단하며 이에 점수는 10점이다. 이재용 오너 본인이 직접 경영에 참여하고 있고 경영 실적은 저조한 편이라고 판단하므로 기업 경영 점수는 0점이다. 삼성전자는 세계적으로 알려진 브랜드이므로 세계적 브랜드 보유 여부 점수는 5점이다.

삼성전자의 총 점수는 37점으로 투자 등급은 D다. 장기투자에는

| 삼성전자 종목 선정 점수표 |

각 항목에 해당하는 점수를 합산					
이익 창출력 / 저평가 여부 / 지속 가능성					점수
PER	<5	<8	<10	>10	5
	20	15	10	5	
PBR	<0.3	<0.6	<1.0	>1.0	0
	5	4	3	0	
이익이 지속 가능한가? (정성적 판단)	대체로 지속 가능		불안정한 이익 창출력		5
	5		0		
중복 상장 여부 (자회사나 손자회사 상장 여부)	중복 상장		단독 상장		0
	0		5		
주주환원 의지					점수
배당수익률	>7%	>5%	>3%	<3%	2
	10	7	5	2	
분기 배당을 실시하고 있는가?	예			아니요	5
	5			0	
배당 연속 인상 연수 (배당 동결 시 연속 인정하나 인상 인정 X)	10년 이상	5년 이상	3년 이상	해당 없음	0
	5	4	3	0	
정기적 자사주 매입 및 소각 여부 (최소 연 1회 이상)	예			아니요	0
	7			0	
소각한다면, 연간 소각 비율 (총주식수 대비)	>2%	>1.5%	>0.5%	<0.5%	0
	8	5	3	0	
자사주 보유 비율	없음	<2%	<5%	>5%	5
	5	4	2	0	
미래 성장 잠재력 / 기업 경쟁력					점수
미래 성장 잠재력 (정성적 판단)	매우 높다	높다	보통	낮다	10
	10	7	5	3	
기업 경영 (정성적 판단)	우수한 경영자		전문 경영자	저조한 실적 오너 경영	0
	10		5		
세계적 브랜드 보유 여부	있다		없다		5
	5		0		
총 점수					37

적합하지 않은 종목이다.

　마지막으로 한 종목을 더 살펴보자. 현대차 우선주 중 하나인 현대차2우B다. 2024년 6월 28일 종가는 183,200원이다. 2023년 기준 EPS는 43,589원이므로 PER은 4.2다. 이에 점수는 20점이다. 2024년 1분기 PBR은 0.77이므로 점수는 3점이다. 기업의 이익 지속 가능성은 대체로 지속 가능하다는 판단이다. 따라서 점수는 5점이다. 현대차는 기아차의 대주주인데 기아차는 현대차의 대주주 현대모비스의 대주주로 지배구조가 순환출자 형식으로 복잡하게 구성되어 있다. 이에 중복 상장 여부 점수는 0점이다.

　현대차의 2023년 총배당금액은 주당 11,400원이다. 현대차2우B의 경우 배당금을 주당 100원 추가한 주당 11,500원이므로 배당수익률은 6.3%이고 이에 대한 점수는 7점이다. 현대차는 현재 분기 배당을 시행하고 있으므로 이에 대한 점수는 5점이다. 현대차는 2020년 이후 계속 주당 배당금을 인상하고 있으므로 이에 대한 점수는 3점이다. 현대차는 2018년 이후 자사주 매입 및 소각을 하지 않고 있으므로 점수는 0점이다. 자사주 보유 비율은 1.7%이며 이에 점수는 4점이다.

　현대차의 미래 성장 잠재력은 '매우 높다'라고 판단하며 이에 점수는 10점이며 정의선 오너 본인이 직접 경영에 참여하고 있고 경영 실적이 우수하다고 판단하므로 기업 경영 점수는 10점이다. 현대차는 현재 세계 3위의 자동차 기업이며 세계적 브랜드이므로 세계적 브랜드 보유 여부 점수는 5점이다.

　현대차2우B의 총 점수는 72점으로 투자 등급은 B다. 장기투자에

| 현대차2우B 종목 선정 점수표 |

각 항목에 해당하는 점수를 합산					
이익 창출력 / 저평가 여부 / 지속 가능성					점수
PER	<5	<8	<10	>10	20
	20	15	10	5	
PBR	<0.3	<0.6	<1.0	>1.0	3
	5	4	3	0	
이익이 지속 가능한가? (정성적 판단)	대체로 지속 가능		불안정한 이익 창출력		5
	5		0		
중복 상장 여부 (자회사나 손자회사 상장 여부)	중복 상장		단독 상장		0
	0		5		
주주환원 의지					점수
배당수익률	>7%	>5%	>3%	<3%	7
	10	7	5	2	
분기 배당을 실시하고 있는가?	예			아니요	5
	5			0	
배당 연속 인상 연수 (배당 동결 시 연속 인정하나 인상 인정 X)	10년 이상	5년 이상	3년 이상	해당 없음	3
	5	4	3	0	
정기적 자사주 매입 및 소각 여부 (최소 연 1회 이상)	예			아니요	0
	7			0	
소각한다면, 연간 소각 비율 (총주식수 대비)	>2%	>1.5%	>0.5%	<0.5%	0
	8	5	3	0	
자사주 보유 비율	없음	<2%	<5%	>5%	4
	5	4	2	0	
미래 성장 잠재력 / 기업 경쟁력					점수
미래 성장 잠재력 (정성적 판단)	매우 높다	높다	보통	낮다	10
	10	7	5	3	
기업 경영 (정성적 판단)	우수한 경영자		전문 경영자	저조한 실적 오너 경영	10
	10		5	0	
세계적 브랜드 보유 여부	있다			없다	5
	5			0	
총 점수					72

각 항목에 해당하는 점수를 합산					
이익 창출력 / 저평가 여부 / 지속 가능성					점수
PER	<5	<8	<10	>10	20
	20	15	10	5	
PBR	<0.3	<0.6	<1.0	>1.0	5
	5	4	3	0	
이익이 지속 가능한가? (정성적 판단)	대체로 지속 가능		불안정한 이익 창출력		5
	5		0		
중복 상장 여부 (자회사나 손자회사 상장 여부)	중복 상장		단독 상장		5
	0		5		
주주환원 의지					점수
배당수익률	>7%	>5%	>3%	<3%	10
	10	7	5	2	
분기 배당을 실시하고 있는가?	예		아니요		5
	5		0		
배당 연속 인상 연수 (배당 동결 시 연속 인정하나 인상 인정 X)	10년 이상	5년 이상	3년 이상	해당 없음	5
	5	4	3	0	
정기적 자사주 매입 및 소각 여부 (최소 연 1회 이상)	예		아니요		7
	7		0		
소각한다면, 연간 소각 비율 (총주식수 대비)	>2%	>1.5%	>0.5%	<0.5%	8
	8	5	3	0	
자사주 보유 비율	없음	<2%	<5%	>5%	5
	5	4	2	0	
미래 성장 잠재력 / 기업 경쟁력					점수
미래 성장 잠재력 (정성적 판단)	매우 높다	높다	보통	낮다	10
	10	7	5	3	
기업 경영 (정성적 판단)	우수한 경영자		전문 경영자	저조한 실적 오너 경영	10
	10		5	0	
세계적 브랜드 보유 여부	있다		없다		5
	5		0		
총 점수					최대 120점

항목 중 가장 뛰어난 것으로 판단되는 한 항목에만 X2 적용

적합한 종목이다.

다시 말하지만, 평가표는 참고 사항일 뿐이다. 평가표의 항목이나 배점이 자신의 투자 성향에 맞지 않는다면 이를 변형해서 투자에 참고하는 것도 방법이다. 앞은 변형된 평가표의 예시다. 모든 항목의 배점은 동일하지만 가장 뛰어나다고 판단된 한 항목에 곱하기 2를 적용했다.

변형된 평가표를 활용하면, 개인의 투자 성향에 맞춘 최적의 투자 결정을 내릴 수 있다. 가장 중점적으로 고려할 항목에 가중치를 부여함으로써 보다 정교한 평가가 가능하다. 각 항목의 중요도는 개인의 투자 목표와 상황에 따라 다를 수 있으므로 자신만의 평가 기준을 설정하는 것이 중요하다. 이러한 접근 방식을 통해 보다 신중하고 효율적인 투자 결정을 내릴 수 있다.

THE
ACCELERATED
INVESTING
FORMULA

6장

나의 투자
이야기

현재 주식 자산 포트폴리오 및 투자 사례

다음은 나의 주식 자산 포트폴리오 및 투자 사례에 관한 내용이다. 주식 자산 포트폴리오 평가금액은 2024년 11월 1일 장 마감 기준이며, 투자 사례는 주요 사례만 선별했다.

현재 주식 자산 포트폴리오

현재 내가 보유한 국내 및 해외 주식 자산 포트폴리오는 다음과 같다. 2024년 11월 1일 장 마감 기준 총평가 금액은 약 41.1억 원이다. 국내 주식 평가금액은 약 31.8억 원(77%)이며 해외 주식 평가금액은 약 9.3억 원(23%)이다. 바로 전 주만 해도 평가금액이 사상 최고인 43억 원을 넘었지만(10월 25일) 한 주 만에 금융 섹터 주가가 크게 하락하면서 평가금액은 다시 41억 원대로 내려왔다.

현재 포트폴리오는 총 30개 종목으로 구성되어 있다. 국내 14종목과 해외 16종목에 분산투자되어 있다. 상위 10개 종목에 투자 금액 88%가 집중되어 있고 나머지 금액은 20개 종목에 골고루 투자되어 있다. 장기투자를 시작한 2014년에는 투자 종목이 한 종목에 불과했

| 그림 1_ 국내 및 해외 주식 자산 포트폴리오 (2024년 11월 1일 장 마감 기준) |

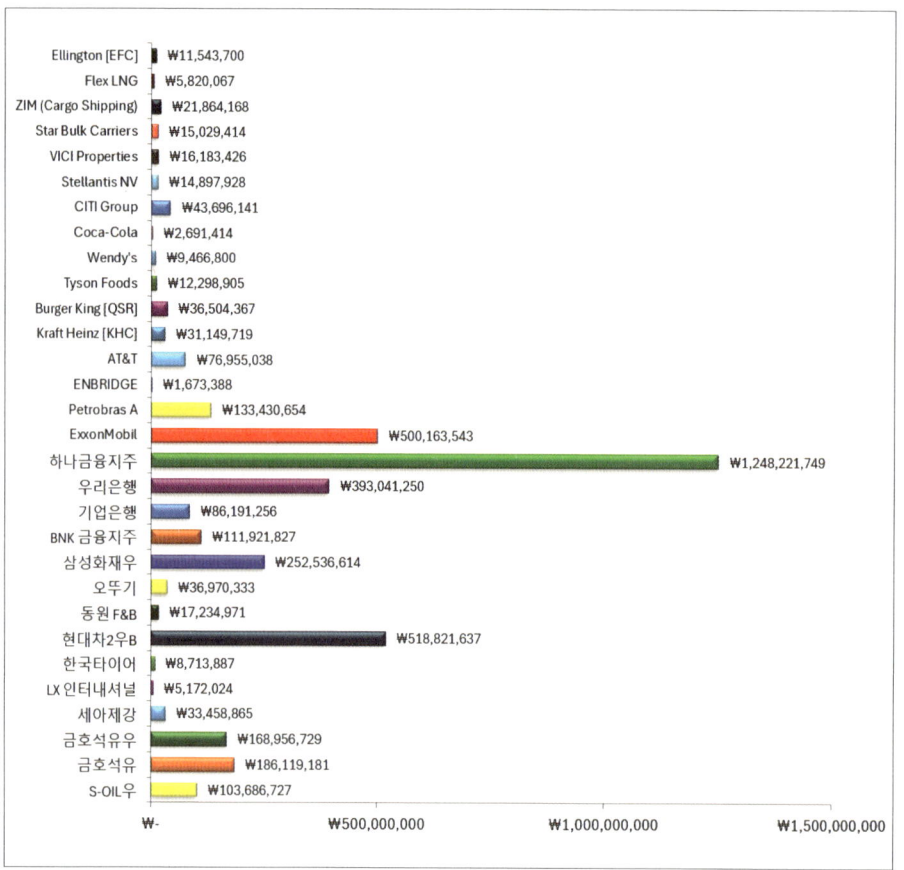

지만, 투자가 이어지면서 위험 관리가 필요하겠다는 생각이 들었고 이에 종목 수는 자연스럽게 증가했다. 하지만 종목 수는 앞으로 30개 내외로만 관리할 생각이다. 너무 많아지면 각 종목을 모니터링하는 데 시간이 많이 걸리기 때문이다.

주식 자산을 섹터별로 분류하면 금융이 52%로 가장 큰 비중을 차지하며, 에너지 및 석유화학은 26%, 자동차는 13% 순이다. 금융 섹터 비율이 처음부터 이렇게 높지는 않았다. 주가가 본질가치에 맞게 충분히 상승하면 주식을 팔고 여전히 저평가받는 다른 종목으로 교체 매매를 진행하다 보니 자연스럽게 금융 섹터에 집중됐다.

단일 종목 기준으로는 하나금융지주 비율이 약 30%로 압도적으로 높은데, 본질가치에 비해 저평가 정도가 심해 2019년부터 현재까지 6년째 계속 사 모으고 있다. 높은 배당금을 지급하는 것으로 알려진 금융 섹터 주식 수가 매년 증가했고 주당 배당금이 매년 인상되다 보니 수령 배당금이 결과적으로 매년 큰 폭으로 상승했다. 2024년 올해 배당금은 2억 원을 훌쩍 초과할 것으로 예상되는데 이전과 마찬가지로 배당금으로 저평가된 주식을 살 것이다. 현재 포트폴리오 반 이상을 금융 섹터가 차지하지만 향후 비중은 어떻게 변할지 모르겠다. 섹터 비중에 대해서는 사전에 정하지 않았기 때문이다. 기업의 본질가치를 지속 모니터링하면서 적절한 시기에 리밸런싱을 계속하다 보면 섹터별 비중은 전혀 예상하지 못한 모습으로 변할 수도 있다.

내가 개인적으로 운영하는 유튜브 채널에 주식 포트폴리오를 2020년 5월부터 계속 공개하고 있다. 개인 기록용이기도 한 동시에 저평가 우량주 장기투자로 자산을 안정적으로 불릴 수 있다는 사실을 많은 사람에게 공유하기 위해서다. 국내 증시에서 장기투자를 하면 무조건 실패한다는 인식이 여전히 팽배하지만 이에 여의치 않고 주식 포트폴리오를 계속 공개할 생각이다.

| 표 1_ 해외 주식 수익률 현황 (2024년 11월 1일 외화 기준) |

종목	주가		수익률
XOM	$	114.95	171.2%
KO	$	65.01	7.7%
PBRa	$	12.02	-0.1%
T	$	22.12	5.0%
KHC	$	33.49	-8.2%
QSR	$	69.98	22.4%
ENB	$	40.42	7.6%
C	$	63.71	29.7%
TSN	$	58.25	15.8%
STLA	$	13.70	-31.0%
WEN	$	19.60	7.8%
CAG	$	28.97	-0.6%
VICI	$	31.44	10.4%
SBLK	$	19.04	-7.9%
ZIM	$	24.30	44.1%
EFC	$	11.95	-29.2%
FLNG	$	24.52	-11.4%

| 표 2_ 국내 주식 수익률 현황 (2024년 11월 1일 기준) |

종목	주가		수익률
하나금융지주	₩	61,100	66.0%
현대차2우B	₩	163,600	24.8%
우리금융지주	₩	15,750	34.3%
삼성화재우	₩	268,000	9.1%
금호석유	₩	137,200	-30.0%
금호석유우	₩	63,800	-22.3%
S-OIL우	₩	41,450	-30.6%
BNK금융지주	₩	9,670	41.5%
기업은행	₩	14,360	105.2%
세아제강	₩	114,400	-15.3%
오뚜기	₩	407,000	26.1%
동원F&B	₩	31,450	-5.4%
LX인터네셔널	₩	29,950	7.8%
한국타이어	₩	35,200	-12.7%

투자 사례 01

S-OIL
(2014-2018)

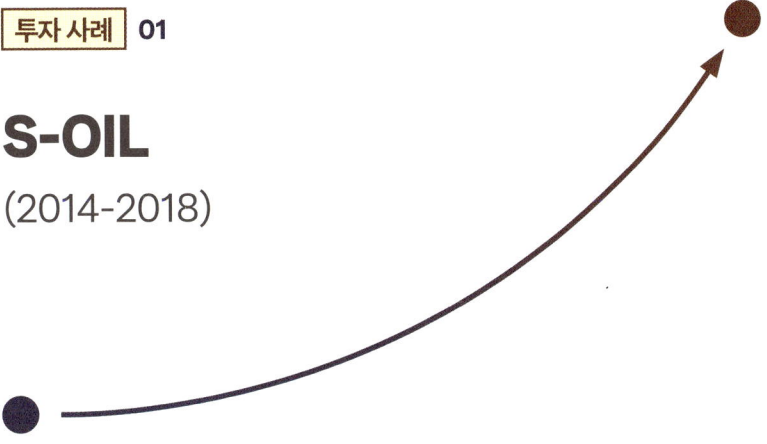

    S-OIL 투자에 대한 설명은 이미 1장에서 했다. 다행히 예상대로 흘러간 결과 나는 큰 성과를 얻었다. 하지만 돌이켜 생각해보니 분명 운이 작용한 부분도 있었다. 내가 주식을 사 모으기 시작한 2014년, 중국이 현재처럼 엄청난 물량의 값싼 석유 정제품 및 석유화학 제품을 덤핑 수출했더라면 S-OIL 주가는 상승하지 못한 채 바닥을 계속 기었을 수 있다. 다행히 당시 중국의 생산 능력은 자체 필요분보다 현저히 낮았기에 그런 일은 발생하지 않았고, S-OIL은 2015년부터 2017년까지 큰 이익을 낼 수 있었다.

    주가는 2014년 11월 최저점 37,500원에서 2018년 10월 최고점 139,000원까지 약 3.7배 상승했다. 2018년 10월 주식 전량을 매도한 후 1년짜리 정기예금을 들었다가 중도 해지한 후 저평가 우량주로 판단된 종목에 분산 투자했다.

| 투자 성과 |

투자 기간: 약 4.5년 (2014년 중순부터 사 모았으며 2018년 10월 25일 12.63만 원에 전량 매도)

총 매집 수량: 8,330주

평균 매도 단가: 12.63만 원

매매차익: 약 4.77억 원

누적 배당금: 8,727만 원

교체 매매 종목: (2019년 중순) 하나금융지주, 한국타이어앤테크놀로지, POSCO홀딩스, 한화3우B

| 그림 2_ S-OIL 월봉 (2012-2024) |

투자 사례 02

하나금융지주
(2019-현재)

    2019년 7월 우리나라 기준금리는 1.50%에 불과했다. 기준금리는 매우 낮았으나 은행들은 대출 규모를 늘리면서 대응한 결과, 이익 창출력은 생각보다 우수했고 배당수익률도 나쁘지 않았다. 4대 금융지주 중 하나금융지주가 가장 저평가된 것으로 보여 2019년 33,800원에 10,000주를 매수한 것을 시작으로 현재까지 계속 사 모으고 있다. 비록 당시 시중 금리는 낮았지만, 결국 향후 금리가 상승 전환할 것으로 예상했고 기준금리가 올라가면 예대마진[1] 역시 자연스럽게 올라갈 것이기 때문에 금융지주의 순이익 규모 역시 상승할 것이라고 봤다.

---

[1] 대출금리와 예금금리의 차이로 금융기관의 수입이 되는 부분.

하나금융지주의 안정적인 이익 창출력에도 불구하고 주가는 우상향하지 못했다. 정부 관계자가 한마디할 때마다 주가는 크게 요동쳤다. 사실상 이자 장사가 비즈니스 모델인 은행에게 이자 장사를 한다며 비난하고, 정부 지분이 전혀 없는 순수 민간 기업인데도 은행은 공공재라는 불필요한 언급을 하여 관치금융을 시도했다. 하지만 나는 주가가 어떻게 움직이든 기업의 이익 창출력과 주주환원에만 초점을 맞추며 장기투자를 이어갔다. 다행히 순이익 규모는 계속 상승 추세를 이어갔고 주주환원 내용은 매년 개선되었다. 주당 배당금은 매년 인상되었고 이에 더불어 정기적인 자사주 매입 및 소각도 시행되었다.

2024년 11월 1일 기준 하나금융지주 종가는 61,100원이다. 현재 평가 수익률은 66%를 기록하고 있다. 총 20,466주를 보유 중이며 평가금액은 약 12억 5,047만 원이다. 수익률과 평가익만 보면 충분히 만족스러운 수준이지만, 나에게는 미리 설정한 목표 수익률이나 목표 금액이 없다. 다만 현재 주가가 기업의 본질가치를 충분히 반영하고 있는지 모니터링할 뿐이다. 현재 주가는 처음 매수를 시작한 2019년에 비해 꽤 상승했지만, 여전히 하나금융지주의 본질가치를 충분히 반영하고 있지 않다는 판단하에 투자를 이어가고 있다.

[표 3]은 국내 은행과 해외 주요 은행을 비교한 것이다.

PER과 PBR을 비교해보면 미국과 일본 은행은 차치하더라도 공산국가 중국의 은행보다 심한 저평가를 받고 있으니 우리나라 은행 주식이 얼마나 저평가되어 있는지 알 수 있다.

최근 하나금융지주는 기업가치 제고 계획을 공시했다. 다행히 정부

| 표 3_ 국내 은행 대 해외 은행 비교 (출처: 하나증권) |

Global Peer Table (2024년 6월 28일 종가 기준)

	PBR (2024F)	PER (2024F)	ROE (2024F)	ROA (2024F)	Mkt. Cap. (bil.)	Performance(%)			
						1W	1M	3M	YTD
KOSPI	1.03	18.4	5.6		2,283,888.7	0.5	2.8	1.9	5.4
은행	0.40	4.8	8.5	0.62	112,659.8	1.3	2.2	4.9	28.6
KB금융	0.50	6.4	8.1	0.65	31,675.6	-0.1	1.8	11.7	45.1
신한지주	0.43	5.6	8.6	0.65	24,527.3	1.2	3.4	2.0	19.9
우리금융	0.32	3.6	9.0	0.59	10,908.7	3.2	3.3	0.7	13.0
하나금융	0.40	4.6	9.1	0.62	17,746.1	1.3	-1.6	3.1	39.9
기업은행	0.33	3.9	8.7	0.62	11,179.9	3.9	4.5	0.5	18.2
BNK금융	0.25	3.3	7.7	0.55	2,728.1	3.3	2.0	6.1	18.6
DGB금융	0.22	3.7	6.1	0.39	1,356.6	0.4	-1.5	-7.8	-5.5
JB금융	0.52	4.5	12.2	0.98	2,856.0	1.9	8.8	12.3	28.5
카카오뱅크	1.49	22.9	6.7	0.73	9,681.6	-5.1	-11.4	-27.8	-28.8
삼성카드	0.53	7.1	7.6	2.14	4,437.4	1.7	-4.7	-0.4	18.4
미국									
S&P 500	4.53	22.6	18.5	7.16	47,820.0	-0.1	3.6	4.3	14.5
은행	1.21	11.7	10.5	0.91	1,513.2	2.7	0.0	1.4	15.1
Wells Fargo	1.22	11.6	10.7	0.96	207.1	2.2	-0.9	3.1	20.7
JPM	1.76	12.3	15.3	1.23	580.8	3.0	-0.2	1.6	18.9
CITI	0.62	10.9	5.8	0.49	121.0	5.8	1.8	1.2	23.4
BOA	1.13	12.3	9.4	0.82	311.0	0.7	0.0	5.5	18.1
US Bancorp	1.20	10.4	11.8	0.94	62.0	1.2	-0.9	-10.1	-8.3
PNC	1.29	12.2	10.8	0.94	61.9	1.5	-1.2	-2.8	0.4
BB&T	0.86	11.2	8.2	0.91	52.0	5.6	2.9	1.0	5.2
중국									
상해A주지수	1.18	11.1	10.6	0.82	45,457.1	-0.7	-2.9	-1.3	-0.3
은행	0.58	5.8	10.3	0.77	8,960.4	2.9	2.9	7.7	18.8
공상은행	0.56	5.8	9.9	0.78	1,911.6	3.4	5.0	8.0	19.2
건설은행	0.58	5.6	10.7	0.82	1,362.2	2.5	5.1	7.7	13.7
농업은행	0.58	5.9	10.2	0.64	1,487.5	4.1	4.7	8.7	19.8
중국은행	0.57	6.1	9.3	0.70	1,273.4	3.4	4.1	5.0	15.8
교통은행	0.57	6.3	9.2	0.65	493.0	3.6	6.0	17.8	30.1
초상은행	0.84	5.8	14.6	1.31	856.8	1.5	-0.3	6.2	22.9
일본									
NIKKEI	2.04	22.0	9.0	3.50	728,362.9	2.7	2.9	-1.9	18.3
은행	0.85	12.8	6.6	0.39	69,395.2	8.0	2.4	11.6	40.1
Mitsubishi UHF	1.09	14.3	8.0	0.42	21,331.9	11.8	4.3	11.0	42.7
Sumitomo Mitsui Financial	1.02	15.2	7.2	0.37	14,129.1	7.3	4.2	20.4	55.9
Mizuho	0.86	12.5	7.3	0.28	8,526.8	8.3	4.5	10.2	39.2
Sumitomo Mitsui Trust	0.89	35.7	2.8	0.11	2,647.4	3.2	0.7	10.9	35.6

가 기업가치 제고(밸류업) 프로그램을 시행하면서 더 이상 금융지주가 주주환원율을 높이려는 움직임에 이전처럼 간섭하기는 어려워졌다. 아마 주주환원율은 단계적으로 상승할 것이라고 예상한다. 하나금융

지주는 주주환원율을 단계적으로 확대해 2027년까지 50%를 달성할 계획이라고 한다.[28] 이를 위해 자사주 매입 및 소각 비중을 더 확대하고 분기별 균등 배당을 도입해서 배당 일관성을 향상할 계획이라고 한다.

개인적으로 이런 계획은 합리적이고 효과적이라고 평가한다. 언제가 될지 정확한 시점은 알 수 없지만, 결국 시장은 하나금융지주의 본질가치를 제대로 평가할 것이다.

| **투자 성과 (2024년 11월 1일 장 마감 기준)** |

투자 기간: 6년째 진행 중 (2019년부터 사 모음)

총 매집 수량: 20,466주

평가익: 약 4.97억 원

누적 배당금: 1.76억 원

| 그림 3_ 하나금융지주 월봉 (2012-2024) |

투자 사례 03

한국타이어앤테크놀로지
(2019-2024)

나는 현재 중동의 작은 나라 쿠웨이트에 거주 중이다. 여름에는 대기 온도가 50℃를 쉽게 넘어가고 도로 상태가 매우 안 좋다 보니 타이어 수명은 국내에 비해 매우 짧다. 고속도로에 파임이 많아 툭하면 타이어가 손상된다. 타이어 공기압 경고등이 켜져 확인해보면 못이나 압정 같은 것이 박혀 있던 적도 많다. 특별한 손상이 없다 해도 주행 거리와 상관없이 2년 조금 지나면 타이어 표면이 경화되어 갈라지는 경우가 많다. 그래서 한국의 경우보다 타이어 교체 주기가 빠르다.

그러다 보니 자연스럽게 투자 아이디어로 발전했다. 타이어는 확실한 소모품일 뿐만 아니라, 향후 내연기관차에서 전기차로 전환이 이뤄지더라도 계속 사용할 수밖에 없으므로 타이어 제조기업은 앞으로도 안정적 수익을 창출할 수 있겠다는 생각이 들었다. 더군다나 전기차는 높은 토크로 인해 타이어와 도로 간 마찰이 기존 내연기관 자동차에 비해 더 높아 타이어 교체 주기가 더 짧다. 그러니 타이어 수요는 오히려 더 증가하겠다는 생각도 들었다.

국내 타이어 기업 중 한국타이어가 가장 경쟁력 있다고 생각했다. 국내뿐만 아니라 미국, 중국, 유럽 그리고 동남아에 생산공장을 보유하고 있어 향후 해상 운송료나 국가 간 관세 변화가 발생하더라도 유동적으로 대응할 수 있겠다고 판단했다. 주가는 충분히 저평가되었다고 판단했고 2019년 34,500원에 6,200주를 매수했다.

2024년 1월에 주가는 상승하기 시작했고 같은 시기 상대적으로 더 저평가된 것으로 판단된 현대차2우B로 교체 매매했다. 이후 한국타이어앤테크놀로지는 세계 2위 자동차 열 관리 시스템 기업인 한온시스템 지분 인수를 발표했다. 한온시스템 지분 인수에 너무 많은 프리미엄을 줬다는 평가와 이에 따라 한국타이어앤테크놀로지 주주환원율에 부정적인 영향을 줄 수도 있다는 우려로 주가는 다시 4만 원 초반대로 하락했고 이를 기회 삼아 당시 가지고 있던 여유자금으로 소량의 주식을 재차 매수했다.

| 투자 성과 |

투자 기간: 약 5.5년 (2019년부터 사 모았으며 2021년 5월 25일 1,000주 48,650원 매도, 2024년 1월 29일 5,200주 50,000원 전량 매도)

총 매집 수량: 6,200주

평균 매도 단가: 4.98만 원

매매차익: 9,426만 원

누적 배당금: 1,861만 원

교체 매매 종목: 현대차2우B

| 그림 4_ 한국타이어앤테크놀로지 월봉 (2012-2024) |

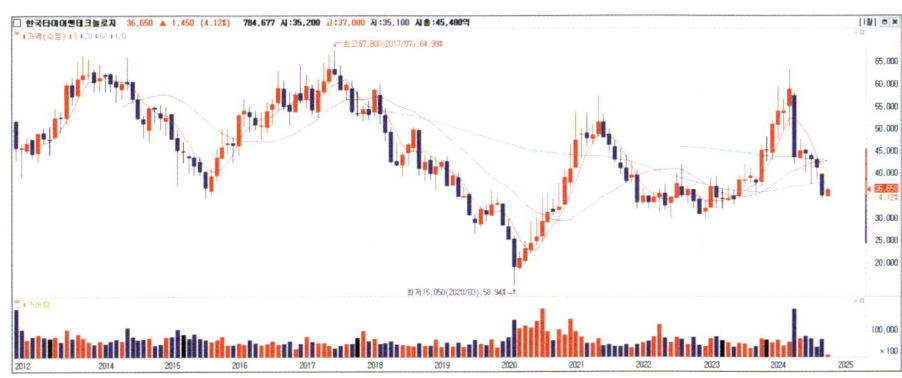

투자 사례 | 04

POSCO홀딩스
(2019-2023)

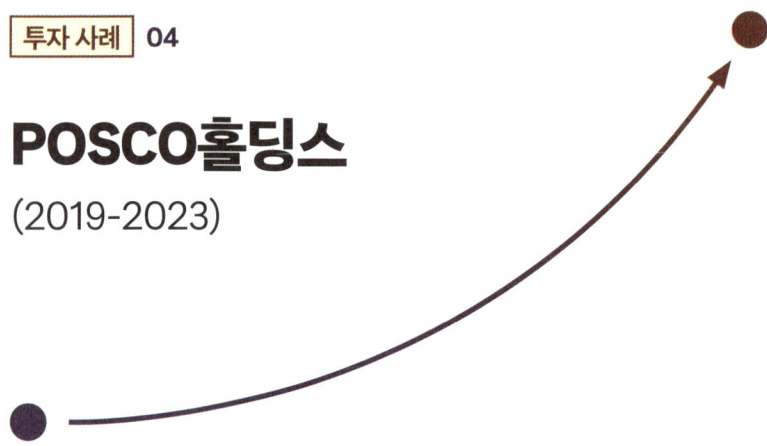

　우리나라의 철강 소비는 세계 4위다. 철강은 건설, 자동차, 선박, 기계와 여러 산업 분야에서 사용되는 필수 자원이다. 세계 경제가 성장함에 따라 철강 소비는 계속 증가할 수밖에 없다. POSCO홀딩스는 우리나라 대표 철강기업이자 조강 생산량 기준 세계 7위의 대형 기업이다. 단순히 조강 생산량만 많은 것이 아니라 높은 기술력이 요구되는 다목적 특수강도 생산할 수 있는 경쟁력 있는 기업이다. 2019년부터 POSCO홀딩스 주식을 사 모은 이유는 다음과 같다.

> 1. 망할 가능성이 매우 낮은 비즈니스 모델

> 2. 높은 이익 창출력 및 지속 가능성
> 3. 주주 친화 배당 정책
> 4. 저평가된 주가

　연결 기준 단 한 번도 연간 적자를 기록한 적이 없고 당시 국내 주식으로는 매우 드물게 분기 배당을 하는 기업이었다. 2019년 기준 배당수익률은 4% 조금 넘는 수준이었고 매년 안정적으로 배당금을 지급하는 기업이었다. 향후 세계 경기가 좋아져 우리나라 주력 산업인 자동차와 선박 수출이 증가하면 철강 마진도 개선될 것이기에 충분히 장기투자할 만한 기업이라고 판단했다. 당시 주가 20.6만 원에 600주 매수한 것을 시작으로 기회가 있을 때마다 주식 수를 조금씩 늘려갔다.

　투자하는 동안 주가는 오르락내리락했으나 2023년 7월 POSCO홀딩스가 보유한 호주 광석리튬 지분과 아르헨티나 리튬 염호 광권이 2차전지 산업과 관련해 크게 주목받으면서 주가는 급등했다. POSCO홀딩스는 좋은 기업이지만 본질가치 대비 당시 주가가 너무 크게 급등한 것으로 판단하고 2023년 7월 23일 보유 주식 전량을 매도 후 다른 저평가 주식으로 교체 매매했다.

| 투자 성과 |

투자 기간: 약 5년 (2019년부터 사 모았으며 2023년 7월 23일 64.5만 원에 전량 매도)

총 매집 수량: 933주

평균 매도 단가: 64.5만 원

매매차익: 3.82억 원

누적 배당금: 3,397만 원

교체 매매 종목: 하나금융지주, 우리금융지주, BNK금융지주, 금호석유우, 이베스트투자증권(현 LS증권)

| 그림 5_ POSCO홀딩스 월봉 (2012-2024) |

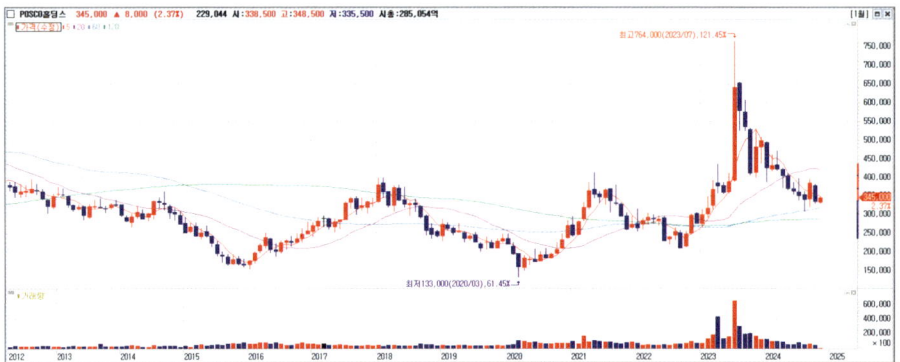

투자 사례 05

현대차
(2020-2021)

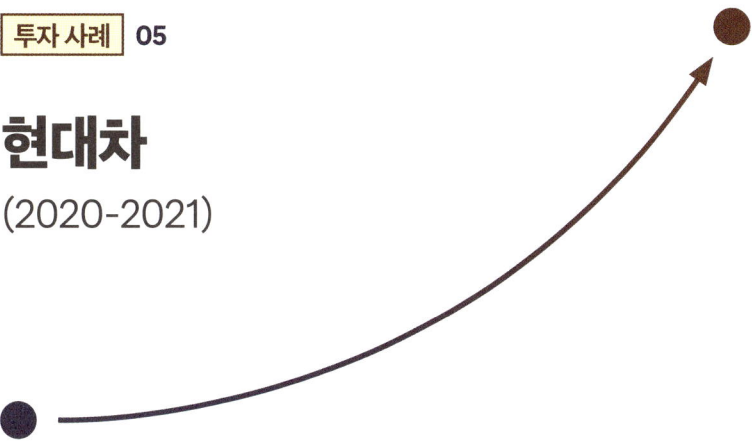

　현대차는 2020년 3월, 장이 크게 빠졌을 때 주식담보 대출로 매수한 여러 종목 중 하나다. 당시 전체 주식 자산 평가금액은 거의 반토막이 난 상태였지만 이렇게 장이 폭락할 때 주식을 더 사야겠다는 생각이 들었다. 당시에도 여유자금은 이미 모두 주식 매입에 사용했기 때문에 추가 여윳돈이 없었다. 이에 하나금융지주를 담보로 한 증권사 주식담보 대출과 연금보험을 담보로 한 생명보험사 대출을 받았다. 다행히 당시 시중 금리는 매우 낮아서, 근로소득으로 대출 이자를 장기간 감당할 수 있는 수준에서 최대한 대출을 받았다. 하나금융지주 역시 크게 하락한 상황이었지만 이익 창출력이 우수하기에 추가 하락 가능성은 매우 낮다고 예상하고 담보 대출을 실행했다.

사실 당시에는 장이 한시가 다르게 크게 변동했기 때문에 어떤 주식을 살지 고민할 시간이 많지 않았다. 그래서 급하게 정한 종목 중 하나가 현대차다. 개인적으로 좋아하는 브랜드이기도 하고 기업의 이익 창출력도 우수하고 적당한 배당을 하는 기업이라 매수했다. 매수하고 얼마 지나지 않아 현대차 정의선 회장 본인도 3월 저점에 현대차 주식을 추가 매수했다는 기사를 본 후 투자에 확신이 더 생기기도 했다.[29]

하지만 보유 기간은 생각보다 길지 않았다. 같은 해 10월, 현대차는 3분기 실적을 발표하면서 엔진 리콜에 대비한 대규모 충당금 적립을 공시했기 때문이다. 충당금은 앞으로 발생할 수 있는 손실을 미리 반영하는 성격이라 해당 연도에는 순이익이 하락한 것처럼 보인다. 주당 배당금을 발표하기 훨씬 전이었지만 결국 배당금은 깎일 가능성이 높았다. 보유한 현대차 주식 수익률은 100%를 초과한 상태라 우선 팔고 다른 저평가 주식으로 교체 매매를 진행했다.

2020년 10월, 마침 미국 거대 석유 기업 엑슨모빌 주가가 급락한 상황이라 이를 기회 삼아 미국 주식을 처음 매수했다.

| 투자 성과 |

투자 기간: 약 6개월 (2020년에 매수했으며 2020년 10월 20일 1,387주 161,000원 전량 매도)

총 매집 수량: 1,387주

평균 매도 단가: 16.1만 원

매매차익: 1.13억 원

누적 배당금: 없음

교체 매매 종목: 엑슨모빌, 대한유화, 롯데케미칼

| 그림 6_ 현대차 월봉 (2012-2024) |

투자 사례 06

대한유화
(2020-2021)

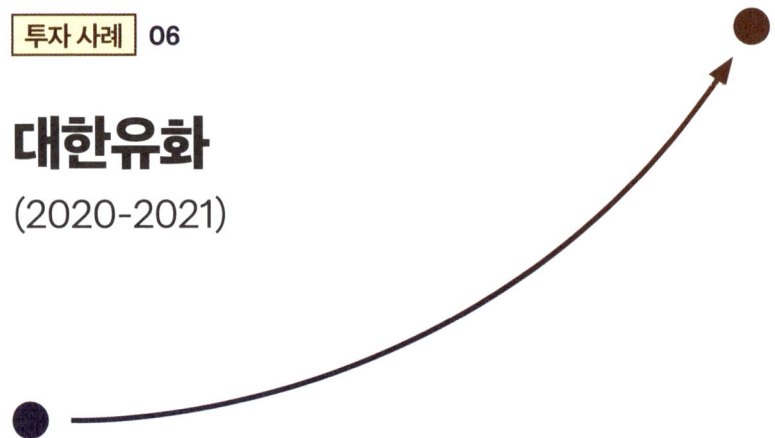

　대한유화는 가장 범용적인 플라스틱 중 하나인 폴리에틸렌과 폴리프로필렌을 생산하는 중견 기업이다. 우리 생활에서 흔히 볼 수 있는 일회용 용기, 포장용 필름, 섬유, 배관 등 여러 제품의 기본 재료가 된다. 2015년 이후 두 제품의 마진이 매우 높았는데 이에 따라 2015년부터 2019년까지 대한유화 연평균 주당 순이익은 32,328원에 달했다.

　2020년 3월 주가는 최저 60,600원까지 하락했다가 반등을 시작했다. 코로나19가 언제 끝날지 모르지만, 종식 후 세계 경기가 정상화되면 소비가 늘 것이고 폴리에틸렌과 폴리프로필렌 마진이 재차 크게 상승하겠다는 생각이 들었다. 이에 주식담보 대출을 활용해 300주를 94,800원에 신규 매수했다. 2020년 10월에는 현대차를 판 금액 일부로 500주를 186,400원에 추가 매수했다.

2021년 2월에 주가가 급등하기 시작했는데, 기업 본질가치에 비해 너무 크게 상승했다는 판단에 전량 매도 후 다른 저평가 주식으로 교체 매매했다.

| 투자 성과 |

투자 기간: 약 1년 (2020년부터 사 모았으며 2021년 2월 3일 31.45만 원 전량 매도)

총 매집 수량: 834주

평균 매도 단가: 31.45만 원

매매차익: 1.36억 원

누적 배당금: 211만 원

교체 매매 종목: 롯데케미칼

| 그림 7_ 대한유화 월봉 (2012-2024) |

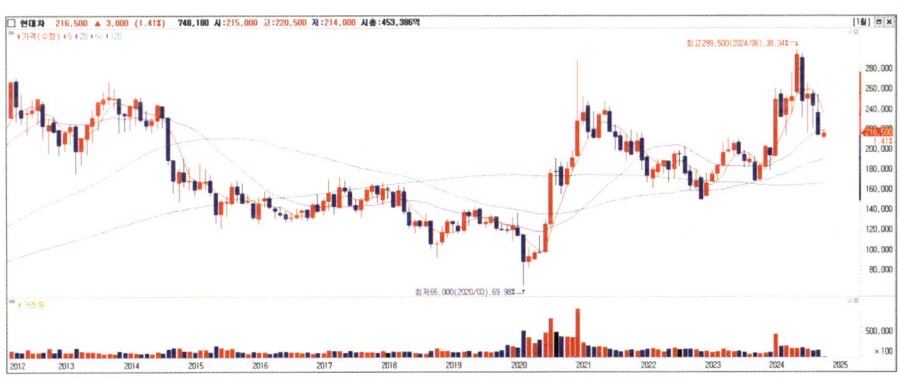

투자 사례 07

롯데케미칼
(2020-2022)

　롯데케미칼은 대한유화와 마찬가지로 폴리에틸렌과 폴리프로필렌이 주 생산품인 대형 석유화학 기업이다. 대한유화와 차이점이 있다면 폴리에틸렌과 폴리프로필렌 같은 범용 제품 외에도 다양한 고부가가치 석유화학 제품을 생산한다는 것이다. 자동차 외장재와 가전에 사용되는 ABS Acrylonitrile Butadiene Styrene, 자동차 헤드램프와 렌즈 제조에 사용되는 PC Polycarbonate 및 건축자재인 인조대리석 등 다양한 고부가가치 제품을 생산하여 대한유화보다는 안정적인 수익 창출 구조를 가졌다고 할 수 있다.

　분산 투자한다는 생각으로 대한유화를 매수한 비슷한 시기에 대출을 활용해 333주를 15.9만 원에 신규 매수했다. 2020년 10월 현대차를 매도한 금액 일부로 300주를 23.3만 원에 추가 매수했다. 하지만 약 2년 후인 2022년 11월 23일 전량 손절매로 투자를 마무리했는데, 이는 주주가치 제고는 전혀 고려하지 않는 듯한 경영진의 연속된 결정 때문이었다. 손절매의 이유는 다음과 같다.

---

1. 본인이 부정적으로 보는 2차전지 섹터에 투자. 동박[2] 생산 기업인 일진머티리얼즈(현 롯데에너지머티리얼즈) 지분 53.3%를 너무 비싼 금액인 2.7조 원에 인수. 경영권 프리미엄 100% 지급.
2. 이를 위해 금융권에서 1.3조 원 조달 및 유상증자 결정.
3. 비슷한 시기에 심각한 경영난에 빠진 계열사인 롯데건설에 자금 대여.

2024년 11월 1일 종가가 93,100원이었으니 비록 손절매였지만 현명한 판단이었다.

| 투자 성과 |

투자 기간: 약 3년 (2020년부터 주식을 사 모았으며 2022년 11월 21일 16.88만 원 전량 매도)

총 매집 수량: 1,642주

평균 매도 단가: 16.88만 원

---

[2] 동박이란 황산구리용액을 전기분해해 만드는 두께 10㎛(1㎛=100만 분의 1m) 이하의 얇은 구리 박(薄)이다. 동박은 전기자동차용 배터리(음극집전체), 에너지저장장치(ESS), 인쇄회로기판(PCB)에 사용된다.

매매차익: -1.26억 원

누적 배당금: 1,345만 원

교체 매매 종목: 하나금융지주, BNK금융지주, 금호석유우

| 그림 8_ 롯데케미칼 월봉 (2012-2024) |

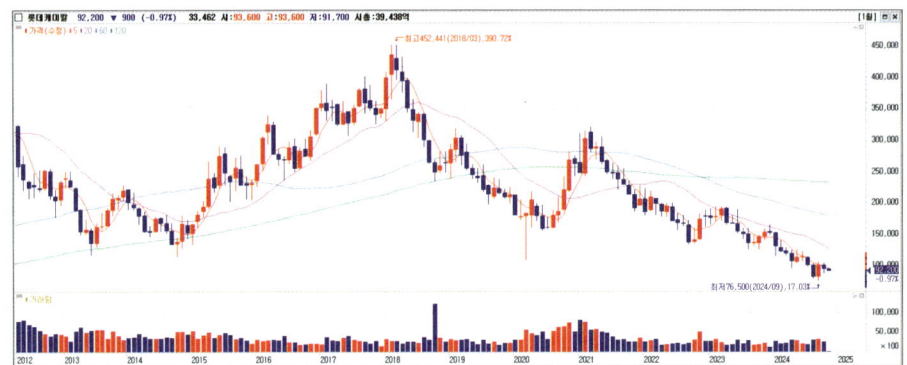

투자 사례 | 08

엑슨모빌
(2020-현재)

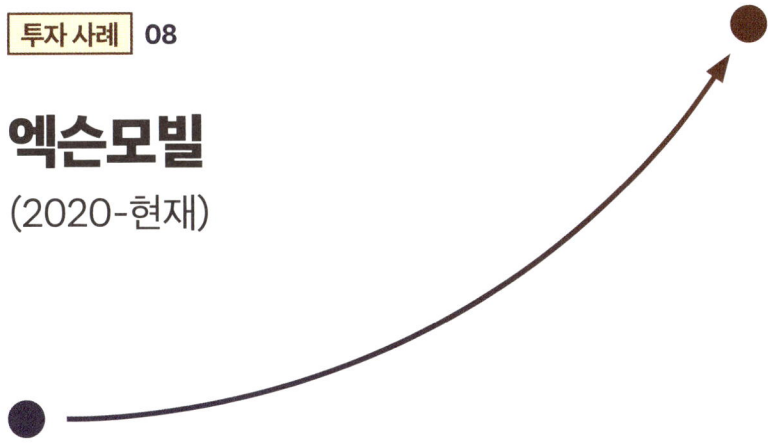

　사실 2020년 10월 전까지만 해도 나는 미국 주식을 전혀 보유하지 않았다. 10월 어느 날 우연히 엑슨모빌의 주가를 보게 됐는데 33달러 대에 거래되고 있었다. 내가 알던 엑슨모빌 주가는 100달러 이상이었고 꾸준히 우상향하던 주식이었는데, 코로나19 시기에 석유 가격 폭락 영향을 직접적으로 받고 주가가 급락했다. 기업의 본질가치에 비해 과도하게 하락했다는 생각이 들었고 이 시기가 지나면 석유 수요는 올라갈 일밖에 없으니 엑슨모빌 주식을 사 모으기로 결정했다.

　마침 보유 중이던 현대차 주식을 매도하고 그 금액 일부로 엑슨모빌 주식을 신규 매수했다. 2020년 10월 26일, 33.35달러에 786주 매수를 시작으로 지금까지 계속 사 모으고 있다.

| 그림 9 _ 2020년 10월 26일부터 사 모은 엑슨모빌 |

코로나19가 종식되고 세계가 일상으로 돌아오면 석유 가격은 자연스럽게 회복할 것이고 엑슨모빌의 실적 또한 상승할 것이라고 확신했다. 더군다나 엑슨모빌과 같은 업스트림 기업은 석유를 직접 채굴하기 때문에 정제 마진에만 의존하는 우리나라 정유사와 달리 안정적인 수익 구조를 갖추고 있다.

엑슨모빌은 1982년 이후 주당 배당금을 매년 인상해왔다. 적자를 기록한 2020년에는 배당금을 한차례 동결했지만 이후 매년 인상하고 있다. 이뿐만 아니라 지속해서 자사주 매입 및 소각도 진행하고 있다. 미래에도 안정적인 수익 구조를 유지할 것으로 보이는 데다가 주주가치 제고를 무엇보다 중시하는 태도를 고려하면 엑슨모빌은 장기투자에 매우 적합한 종목이다.

엑슨모빌이 다른 기업에 비해 주주가치 제고를 더 중시할 수밖에 없는 이유 중 하나는 확실한 지배주주가 없기 때문이다. 엑슨모빌의 상위 3대 주주는 모두 기관투자자다. 뱅가드Vanguard 9.0%, 블랙록BlackRock 7.2%, 스테이트 스트리트State Street 5.5% 순으로 지분을 가지고 있으며 이들 기관의 지분을 모두 합쳐도 21.7%에 불과하다. 즉 주주가 고르게 분산되어 있고, 이는 특정 지배주주보다는 모든 주주의 가치를 먼저 고려할 수밖에 없다는 것을 의미한다.

엑슨모빌은 유망한 성장 잠재력도 갖추고 있다. 앞서 설명했듯이 향후 전 세계적으로 넷제로Net Zero[3] 목표가 추진됨에 따라 엑슨모빌은 CCS 사업을 통해서도 상당한 이익을 창출할 것으로 예상한다. CCS 사업에서 강점을 가질 것으로 보이는데 이산화탄소를 깊은 지하에 안전하게 밀폐시켜야 하는 특성상 엑슨모빌 같은 업스트림 기업에 특화되어 있다. 엑슨모빌은 이미 이 분야의 선두 기업 중 하나다.

현재 엑슨모빌 3,153주를 보유 중이며 수익률은 171.2%[4]다. 높은 수익률이지만 여전히 저평가되어 있다고 생각하며 앞으로 상당 기간, 어쩌면 평생 보유할 수도 있다.

| 투자 성과 (2024년 11월 1일 장 마감 기준) |

투자 기간: 5년째 진행 중 (2020년부터 사 모으고 있음)

---

[3] 대기 중 온실가스 농도 증가를 막기 위해 탄소 순 배출량이 0이 되는 것을 뜻함.
[4] 외화 기준.

총 매집 수량: 3,153주

평가익: $228,813 (약 3.15억 원 / 환율 1,376원 기준)

누적 배당금: $36,043 (약 4,959만 원 / 환율 1,376원 기준)

| 그림 10_ 엑슨모빌 월봉 (2011-2024) |

투자 사례 | 09

삼성생명
(2020-2024)

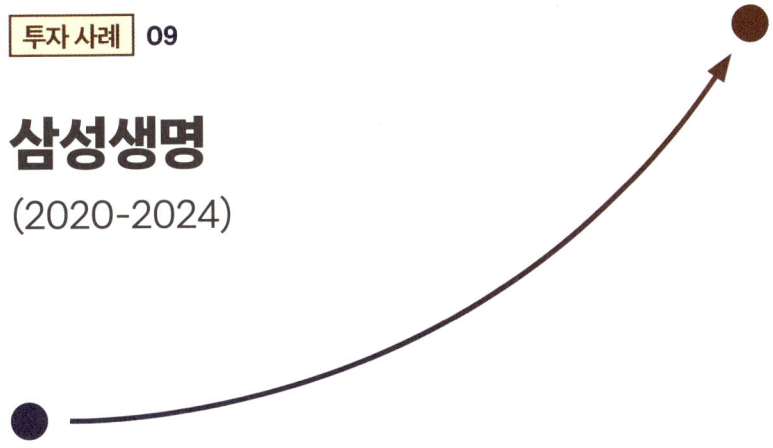

　삼성생명은 생명보험을 비롯한 다양한 보험상품을 판매하는 기업이다. 보험료 수익 외 여러 대출 상품 판매로 상당한 이자 수익도 내는 기업이다. 보험료 수입을 통해 매우 안정적인 현금 흐름을 확보하고 이를 바탕으로 채권과 같은 안정적인 금융상품에 투자해 상당한 투자 수익을 내는 매우 안정적인 비즈니스 모델을 가지고 있다.

　삼성생명은 삼성전자 지분 20.1%를 보유한 대주주이기도 하다. 삼성전자 지분 평가금액만 보더라도 삼성생명 주가는 현재보다 훨씬 높아야 하지만, 중복 상장 문제로 삼성생명이 보유한 삼성전자 지분은 매우 낮은 평가를 받을 수밖에 없다. 삼성생명은 2020년 3월 주식시장이 폭락했을 때 주식담보 대출로 매수한 여러 종목 중 하나다. 당시 주가 33,300원에 2,124주를 신규 매수했다.

2024년 2월 말 삼성생명 주가는 급등했고 이 정도면 삼성생명 본질가치에 합당한 가격이라 판단해 상대적으로 저평가되었다고 판단한 삼성화재 우선주로 전량 교체했다.

| 투자 성과 |

투자 기간: 약 4년 (2020년부터 사 모았으며 2024년 2월 22일 100주, 2024년 3월 6일 2,144주 전량 매도)

총 매집 수량: 2,244주

평균 매도 단가: 10.3만 원

매매차익: 1.51억 원

누적 배당금: 2,290만 원

교체 매매 종목: 삼성화재 우선주

| 그림 11_ 삼성생명 월봉 (2012-2024) |

투자 사례 | 10

메리츠금융지주
(2020-2021)

　메리츠금융지주는 2020년 12월부터 매수를 시작했다. 비즈니스 모델은 사실상 타 금융지주와 크게 다르지 않지만 메리츠금융지주는 이미 저평가받는 대형 금융지주보다 더 심한 저평가를 받고 있었다. 당시 PER은 3 이하였고 배당수익률은 약 9%였다. 주식이 너무 저렴하다는 판단하에 10,350원에 1,351주 매수를 시작으로 주식을 사 모아 갔다.

　매수를 시작하고 약 6개월이 지난 2021년 5월 14일 금요일, 장 마감 후 공시가 떴다. 주주가치 제고를 위해 배당 성향을 10%로 낮추고 대신 자사주 매입 및 소각을 하겠다는 계획이었다.[30] 분명 좋은 취지의 공시였지만 다음 주 월요일인 5월 17일 주가는 15.56% 폭락했다.

배당수익률을 대폭 낮추는데 얼마만큼 자사주를 매입하고 소각하겠다는 건지 정확한 내용이 없었기 때문이다.

나 또한 정확한 정보는 없었지만, 주주가치 제고 측면에서 좋은 방향으로 흘러가고 있다는 것은 분명하다는 판단하에 이후로도 주식을 계속 사 모았다. 실제로 자사주 매입 및 소각이 연속적으로 시행되자 주가는 꾸준히 상승했고 기업의 본질가치를 충분히 반영한 주가에 도달했다는 생각에 2021년 8월 20일부터 9월 15일까지 분산 매도한 후 다른 저평가 종목으로 교체했다. 매도 평균 단가는 33,945원이다. 2024년 11월 1일 종가가 102,800원이니 섣부른 판단이었다.

| 투자 성과 |

투자 기간: 약 8개월 (2020년부터 사 모았으며 2021년 8월 20일~9월 14일에 전량 매도)

총 매집 수량: 8,546주

평균 매도 단가: 3.4만 원

매매차익: 1.90억 원

누적 배당금: 117만 원

교체 매매 종목: POSCO홀딩스, 이베스트투자증권, 금호석유, 금호석유우 및 주식 담보대출 상환

| 그림 12_ 메리츠금융지주 월봉 (2012-2024) |

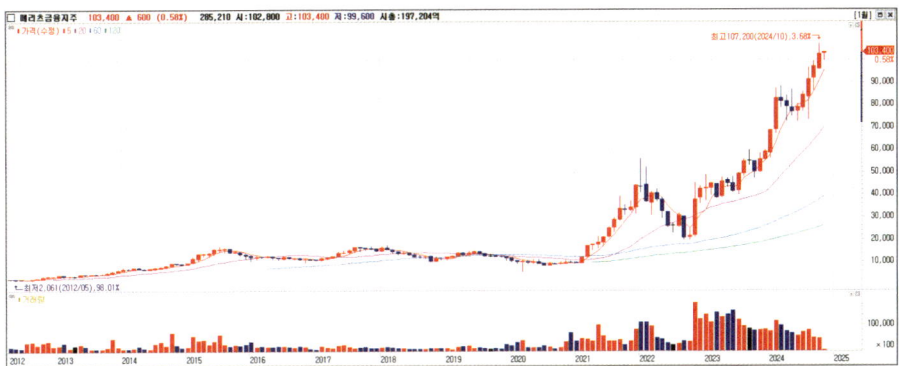

투자 사례 | 11

금호석유 및 금호석유우
(2021-현재)

    금호석유화학은 국내 최초로 합성고무를 생산했으며 세계 최대 합성고무 생산 능력을 지닌 기업이다. 폴리에틸렌과 폴리프로필렌이라는 범용 플라스틱을 주력으로 하는 국내 다른 석유화학업체와 달리 합성고무가 주력 생산품이다. 2022년부터 장기화된 업황 부진으로 적자를 이어가고 있는 국내 석유화학업체들과 달리 지난 10년간 단 한 번도 적자를 기록한 적이 없을 정도로 차별화되어 있다.

    합성고무는 우리 생활에서 다양하게 사용된다. 대표적으로 타이어, 니트릴 장갑, 기계용 호스 및 벨트 등 다양한 곳에 쓰인다. 앞서 한국타이어앤테크놀로지 투자 사례에서 설명했듯이 미래에도 자동차 종류와 상관없이 타이어가 사용될 수밖에 없고 사용량 또한 증가할 가능성이 높아 원재료를 생산하는 금호석유는 좋은 투자 대상이라고 판단했다. 더군다나 금호석유가 세계 최대 생산 능력으로 달성한 규모의 경제뿐만 아니라 고기능성 합성고무까지 개발 및 생산할 능력까지 갖춘 경쟁력 있는 회사이니 투자를 마다할 이유가 없었다.

투자를 시작한 2021년 5월 당시 코로나19로 인한 니트릴 장갑 수요가 여전히 높아 금호석유화학의 이익 창출력은 매우 높았다. PER은 3 이하였고 배당수익률은 6%를 넘었다. 하지만 2021년 이후 합성고무 마진이 줄면서 순수익 역시 크게 줄었고 이후 주가는 매우 부진한 흐름을 보이고 있다.

금호석유화학은 3년 전부터 최대 주주인 박철완과 경영 분쟁을 벌이고 있는 상황이다. 이에 따라 금호석유화학은 자의 반 타의 반으로 주주가치 제고 계획을 시행하고 있는데 2024년 3월, 18.4%에 이르는 자사주 중 50%를 향후 3년간 분할 소각할 것이라고 밝힌 바 있다. 이에 정기적으로 자사주 소각을 진행 중이다.

2021년 5월 13일 23.5만 원에 42주를 매수한 이후 금호석유 우선주와 함께 현재까지 계속 사 모으고 있다.

| 투자 성과 (2024년 11월 1일 장 마감 기준) |

투자 기간: 약 3.5년째 진행 중 (2021년부터 사 모으고 있음)
총 매집 수량: 보통주 1,359주 및 우선주 2,653주
평가익: 약 -1.28억 원
누적 배당금: 3,615만 원

| **그림 13_ 금호석유 월봉 (2012-2024)** |

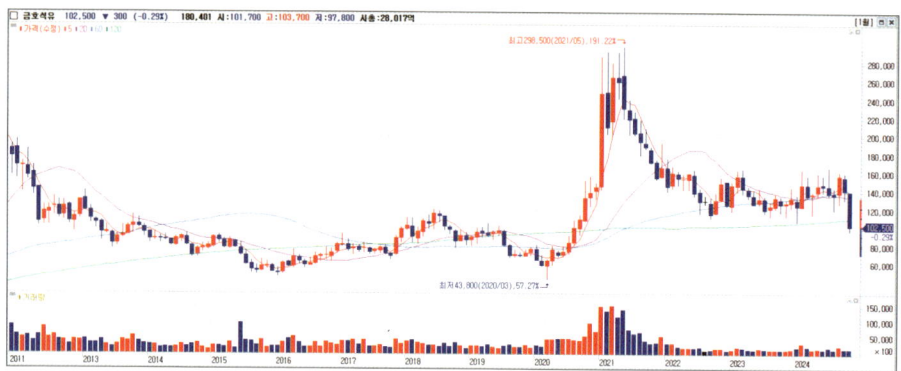

투자 사례 | 12

AT&T
(2021-현재)

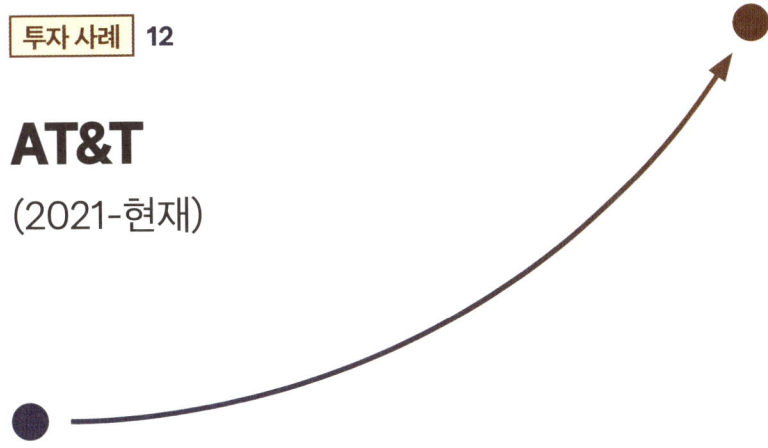

　AT&T는 2021년 12월부터 사 모아온 종목이다. 미국 주식 중 안정적으로 현금 흐름을 만들 수 있는 종목을 찾다 매수한 종목이다. 스마트폰과 데이터 사용은 사실상 필수 서비스나 마찬가지이므로 AT&T는 매우 안정적인 수익 창출 구조를 지니고 있다. 우리나라는 이미 인구수가 줄고 있지만 미국은 여전히 수많은 이민자의 유입으로 인구가 꾸준히 증가하는 나라이니 AT&T는 앞으로도 안정적인 이익을 낼 것이라는 판단하에 주식 매수를 시작했다.

　신규 매수 이후 주가 흐름은 매우 부진했다. 2018년 854억 달러라는 천문학적인 돈으로 워너 브라더스Warner Brothers[5]를 보유한 워너 미디어Warner Media를 인수했으나 큰 시너지는 발생하지 않았고 자체

OTT$_{\text{Over the Top}}$[6]인 HBO Max는 경쟁사인 넷플릭스, 훌루, 디즈니+ 등에 밀려 매우 부진한 실적을 보였다.

2022년 4월 AT&T는 너무 높아진 부채율을 낮추기 위해 워너 미디어를 떼어내서 디스커버리$_{\text{Discovery}}$[7]와 합병했다. 동시에 주당 분기 배당금을 0.52달러에서 0.2775달러로 줄였는데 이 영향으로 주가는 더 하락했다. 인적 분할로 받게 된 워너 브라더스 디스커버리$_{\text{Warner Brothers Discovery}}$ 주식은 받자마자 주당 26달러에 전량 바로 매도했고, 회수한 금액으로는 AT&T 주식을 더 사 모았다. 어차피 기존 분기 주당 배당금 0.52달러는 AT&T의 순이익을 고려했을 때 지속 가능하지 않은 금액이었다.

배당금이 반토막 나서 기존 투자자들은 실망했을 수 있겠지만, 이는 기업의 지속 가능성을 위해 필요한 조치였다고 판단했다. 계속 우하향할 것만 같았던 주가는 2023년 8월 상승 전환했고 이후 느리지만 안정적인 상승 추세를 이어가는 중이다.

다음은 AT&T를 매수한 이후로 받은 분기별 배당금 그리고 기업 인적 분할로 받은 워너 브라더스 디스커버리 주식 매도금이다. 주식을 계속 사 모아서 수량을 늘리다 보니 배당금 역시 꾸준히 증가하는 것을 볼 수 있다.

---

5 워너 브라더스는 미국 캘리포니아주 버뱅크의 '워너 브라더스 스튜디오, 버뱅크'에 처음 설립된 미디어 엔터테인먼트 회사이다.
6 인터넷을 통해 사용자가 원할 때 영화 및 여러 방송 프로그램을 보여주는 서비스.
7 디스커버리는 미국의 미디어 기업이다. 1994년에 설립되었고 디스커버리 채널 및 여러 케이블 TV 채널을 운영하고 있다.

날짜	배당금 (세후)	비고	주당 순이익
		AT&T 2024년 11월 1일 종가 $22.12 기준	
		평균 매수 단가: $21.07 / 보유 수량 2,521주	
		평가익: $2,648.78	
2022년 2월 3일	$41.55	주당 배당금 $0.52	$0.87
2022년 4월 14일	$8,477.98	인적 분할로 받은 WBD 주식 326주 전량 매도	$0.589
2022년 5월 2일	$318.43	주당 배당금 $0.2775(배당 50% 삭감)	$0.77
2022년 8월 2일	$366.79	주당 배당금 $0.2775	$0.65
2022년 11월 2일	$395.80		$0.68
2023년 2월 2일	$462.32		$0.61
2023년 5월 2일	$462.32		$0.60
2023년 8월 2일	$509.49		$0.63
2023년 11월 2일	$519.63		$0.64
2024년 2월 1일	$550.77		$0.54
2024년 5월 2일	$556.19		$0.55
2024년 8월 1일	$592.99		$0.57
2024년 11월 1일	$594.64		$0.60
합	$13,848.90		

AT&T는 앞으로도 안정적인 이익을 창출할 것이라고 예상한다. 우리나라 대표 통신사인 SK텔레콤이 적자를 내기 어려운 구조인 것처럼 AT&T도 마찬가지다. 미디어 기업을 합병해 실패한 뼈저린 경험을 했으니, 이제는 원래 사업 영역에 더욱 집중하여 더 좋은 기업이 될 수도 있다.

| **투자 성과 (2024년 11월 1일 장 마감 기준)** |

투자 기간: 약 3년째 진행 중 (2021년부터 사 모으고 있음)

총 매집 수량: 2,521주

평가익: $2,648 (약 364만 원 / 환율 1,376원 기준)

누적 배당금: $5,371 (약 739만 원 / 환율 1,376원 기준)

인적 분할 기업 매도금: $8,478 (약 1,043만 원 / 2022년 4월 14일 환율 1,230원 기준)

| **그림 14_ AT&T 월봉 (2011-2024)** |

투자 사례 13

페트로브라스 우선주
(2022-현재)

    페트로브라스PetroBras 투자는 우연히 시작했다. 2022년 6월 어느 날 전 세계 석유 메이저 기업을 배당률 순으로 나열해봤다. 이 중 상위였던 페트로브라스의 당시 연 배당률은 무려 34%로 매우 놀라운 수준이었지만 그에 비해 주가는 너무 저평가되었다. "이렇게 돈을 많이 버는데 주식이 이만큼 저평가될 수 있다고?"라는 말이 저절로 나왔다. 검토를 해보니 저평가받는 이유는 분명했다.

    페트로브라스는 브라질 증시에 상장된 기업 중 시가총액이 가장 큰 기업으로 반국영 반민간 기업이다. 브라질 정부가 직/간접으로 36.6%의 지분을 보유하고 있다. 나머지는 민간이 보유하고 있고, 전체 지분의 20.3%는 미국 증시에 ADR American Depositary Reciept [8] 형태로 보통주와 우선주 둘 다 상장되어 있다.

당시 페트로브라스가 다른 석유 메이저에 비해 저평가 받는 이유는 여럿 있었다. 우선 배당 지급 주기가 들쑥날쑥했다. 아예 지급하지 않는 해도 있었고 세 번 지급하기도 하는 등 예측 불가능했다. 또한 정부가 대주주이다 보니 정부의 경영 간섭이 심하고 때로는 정치적 이유로 CEO가 교체되기도 했다. 이에 더해 자국 에너지 가격 안정화를 위해 연료비를 국제 가격에 연동하지 않고 손해를 보면서 가격을 방어하는 기간도 있었다. 이는 명백히 주주가치를 갉아먹는 행위다.

하지만 2022년 6월 6일 기준, PER은 3 이하 그리고 배당수익률 34%는 페트로브라스와 같은 규모의 기업에서는 찾아보기 힘든 수치였다. 말 그대로 당시 배당수익률이 향후 3년간 유지된다면, 배당금만으로 투자금을 모두 회수할 수 있는 수준이었다.

분명 치명적인 단점이 있지만, 이를 고려하더라도 주가는 본질가치에 비해 심각한 할인을 받고 있다는 판단하에 주식을 매수했고 현재까지 계속 사 모으고 있다.

| **투자 성과 (2024년 11월 1일 장 마감 기준)** |

투자 기간: 약 2.5년째 진행 중 (2022년부터 사 모으고 있음)

총 매집 수량: 8,044주

---

8 ADR은 해외기업이 주식예탁증서(DR)의 형태로 미국 시장에 상장한 종목이다.

평가익: -$92.26 (약 -13만 원 / 환율 1,376원 기준)

누적 배당금: $37,798 (약 5,201만 원 / 환율 1,376원 기준)

| 그림 15_ 페트로브라스 우선주 월봉 (2011-2024) |

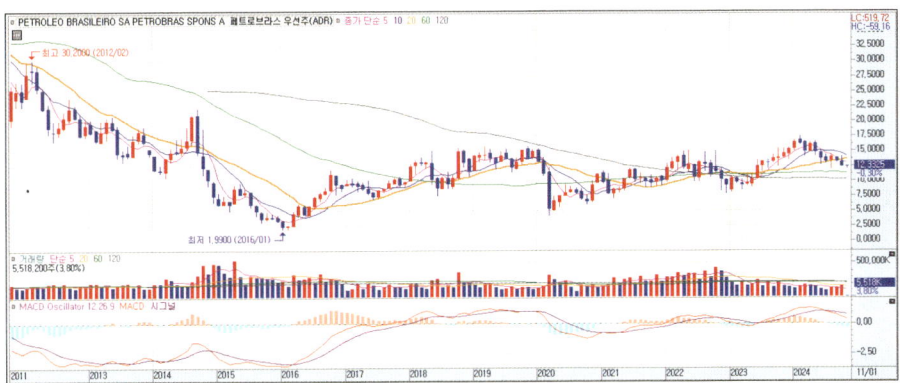

투자 사례 | 14

우리금융지주
(2023-현재)

　우리금융지주는 2023년 7월 POSCO홀딩스를 매도한 후 교체 매매한 종목 중 하나다. 사실 하나금융지주를 더 사려고 했으나 한 종목에 비중이 너무 크게 실린다고 판단되어 분산투자 목적으로 매수한 종목이다.

　우리나라의 금융지주가 대체로 저평가되어 있듯이 우리금융지주 또한 심한 저평가를 받고 있다. POSCO홀딩스를 매도한 2023년 7월 23일 당일 우리금융지주로 교체 매매했으며 11,700원에 25,000주를 매수했다.

　우리금융지주는 2023년 2분기부터 분기 배당금을 지급하고 있고, 2024년 7월 공시한 주주가치 제고 계획에 따르면 CET1 Common Equity

Tier1[9] 비율이 12.5~13.0% 구간에서는 주주환원율 최대 40% 그리고 CET1 비율이 13.0%를 초과하면 주주환원율 최대 50%까지 확대할 계획이라고 한다. CET1 비율을 높이기 위해서는 금융기업이 순이익을 높이고 부실 위험이 큰 대출 자산을 줄여야 한다. 즉 향후 정부의 추가 간섭이 없다면 은행이 신용도가 낮은 대출을 취급하지 않으려는 경향이 지금보다 심해질 것이고, 우량한 대출 자산이라도 예대마진을 더 크게 가져가려는 경향이 생길 것으로 예상한다.

| 투자 성과 (2024년 11월 1일 장 마감 기준) |

투자 기간: 약 1년째 진행 중 (2023년 매수 후 추가 매수 없었음)

총 매집 수량: 25,000주

평가익: 약 1.00억 원

누적 배당금: 2,495만 원

---

9   CET1은 보통주 자본을 의미하며 보통주, 자본잉여금, 이익잉여금 등이 포함된다. CET1 비율은 보통주 자본을 위험가중자산으로 나눈 값이며, 수치가 높을수록 금융기업의 손실 흡수 능력이 우수하다는 것을 의미한다. 위험가중자산은 대출을 의미하며 부실 위험이 클수록 가중치를 부여한다.

| 그림 16_ 우리금융지주 월봉 (2019-2024) |

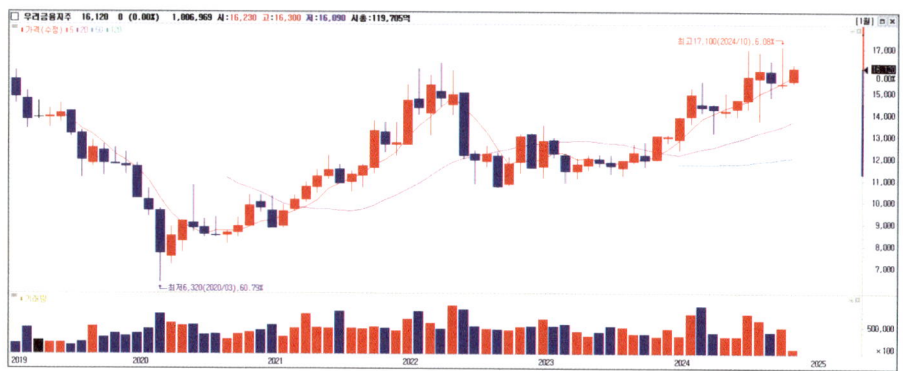

| 투자 사례 | 15

현대차2우B
(2024-현재)

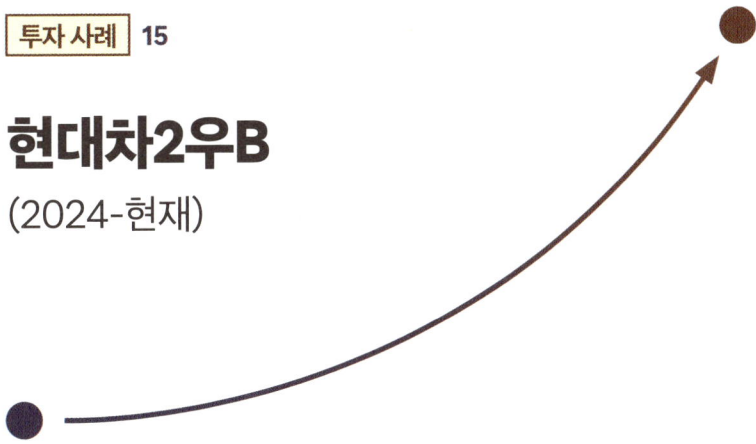

　보유하던 현대차 주식을 2021년에 전량 매도한 후 항상 아쉬운 마음이 있었다. 엔진 리콜에 대비한 충당금을 너무 크게 잡아 실적을 인위적으로 하향 조정했다는 사실이 마음에 들지 않아 매도를 결정했지만, 그래도 너무 충동적인 생각으로 주식을 판 것은 아닌가 하는 후회도 사실 있었다. 더군다나 적립된 충당금은 엔진 리콜 비용으로 사용하고 남게 되면 어차피 영업 외 수익으로 환입되니 리콜 비용을 충당금으로 미리 처리하나 나중에 비용 처리하나 사실 조삼모사였다. 장기투자자인데도 불구하고 장기적 요인보다 단기적 요인을 더 중시했다는 점을 반성하는 계기가 됐다.
　2024년 1월 한국타이어를 매도하면서 현대차를 다시 살 수 있는 기회가 왔다. 이번에는 현대차 보통주가 아닌 현대차2우B 우선주를 매수했다. 우선주는 의결권이 없지만, 더 저렴하게 거래되고 배당금이 보통주와 같거나 더 많이 지급되기 때문에 매수하지 않을 이유가 없었다. 하지만 우선주는 보통주보다 유통 주식 수가 현저히 낮아 거래가 어려운 경우가 많은데, 현대차2우B는 유통 주식 수도 적당히 많았다. 이에 2024년 1월 29일 한국타이어를 매도한 후 현대차2우B 2,175주를 11.9만 원에 매수한 것을 시작으로 현재까지 계속 사 모으고 있다.

현대차는 2023년 2분기부터 분기 배당금을 지급하고 있고, 2024년 8월에는 주요 대기업 중 처음으로 기업가치 제고 계획을 발표했다. 2027년까지 앞으로 3년 동안 4조 원 규모의 자사주를 매입 및 소각을 시행하는 등, 주주환원율 35% 이상을 목표로 정책을 추진할 예정이라고 한다.[31] 이번 투자는 지난번 현대차 사례보다 훨씬 길어질 것으로 생각한다.

| **투자 성과 (2024년 11월 1일 장 마감 기준)** |

투자 기간: 약 1년째 진행 중 (2024년부터 사 모으고 있음)

총 매집 수량: 3,177주

평가익: 약 1.03억 원

누적 배당금: 3,011만 원

| 그림 17_ 현대차2우B 월봉 (2012-2024) |

THE ACCELERATED INVESTING FORMULA

7장

**장기투자자를 위한
현실적인
절세 노하우**

세금은 피할 수 없지만 줄일 수는 있다

미국 건국의 아버지 벤저민 프랭클린은 "누구도 피할 수 없는 것은 죽음과 세금뿐이다"라는 말을 남겼다. 우리 모두 결국 죽지만, 다행히 세금을 줄일 방법은 존재한다. 현명한 절세 전략과 함께 주식을 추가 매수할 수 있다면 경제적 자유는 한 걸음 더 가까워질 것이다.

종합소득세를
두려워하지 말자

 연 배당금이 1억 원을 넘을 때부터 수없이 들어온 말이 있다. 연 2,000만 원이 넘으면 종합소득세를 내야 하므로 배당소득을 계속 늘리는 것은 효율적이지 않다는 의견이었다. 소득 상황은 사람마다 다르기 때문에 누구에게는 맞는 말이 될 수 있고 다른 이에게는 해당하지 않는 이야기일 수도 있다.

 우선 종합소득세가 무엇인지 알아보자. 소득은 크게 5가지로 분류할 수 있다. 근로소득, 사업소득, 금융소득(이자 및 배당), 부동산(임대 및 양도차익), 기타소득이다. 종합소득세란 이 모든 소득을 합산해서 종합적으로 세금을 다시 계산하는 것이다. 종합소득세 납부 대상자라면 매년 5월, 전년도 귀속 모든 소득을 국세청에 합산 신고한 후 종합소득세를 산출해야 한다.

종합소득세 신고 대상은 다음과 같다.

> - 금융소득이 연 2,000만 원을 초과하는 경우
> - 주택임대소득이 연 2,000만 원을 초과하는 경우
> - 근로소득과 사업소득이 동시에 있는 경우
> - 근로소득과 공적연금이 동시에 있는 경우
> - 기타소득이 연 300만 원을 초과하는 경우

만약 일반 회사원이고 근로소득 외 다른 소득이 없다면 종합소득세 신고 대상자에 해당하지 않는다. 하지만 근로소득 외 소득이 있다면, 예를 들어 배당금이 연 2,000만 원을 초과했다면 이를 근로소득과 합쳐 종합적으로 세금을 다시 계산해야 한다. 만약 받은 배당금이 연 2,000만 원 이하라면 배당을 받을 때 원천징수된 15.4%의 배당소득세로 세금은 종결되며, 다른 소득과 합산해서 종합적으로 세금을 다시 계산할 필요는 없다. 이를 분리과세라고 한다.

종합소득세 신고 대상자라고 해서 무조건 세금을 더 내야 하는 것은 아니다. 상황에 따라서는 오히려 환급받을 수도 있다. 종합소득세는 보통 고소득자에게 부과되는 경우가 많으므로 일반인은 종합소득세 납부 대상자가 되면 엄청난 세금을 내야 하는 것으로 알고 있기도 하다. 그런 선입견 때문에 어떻게든 배당소득을 연 2,000만 원 이하로 맞추고 다른 소득을 늘리려고 하지만 어떤 소득을 늘리든 결국 세

금은 피할 수 없다.

배당소득을 연 2,000만 원 이하로 맞추는 대신 주택임대소득을 늘리든 사업소득을 늘리든 기타소득을 늘리든 결국 세금은 내게 되어 있다. 그러니 장기투자자가 되기로 마음먹었다면 배당금이 계속 증가하는 것에 두려움을 가져서는 안 된다.

배당소득이 늘어 세금이 증가한다 한들, 어떤 경우에도 세금이 소득보다 많을 수는 없다. 좀 과하게 과장해서 연 배당금이 10억 원을 초과한다고 치자. 10억 원을 초과하는 1억 원당 4,500만 원의 세금을 내야 하고 5,500만 원만 받을 수 있지만, 4,500만 원의 세금 때문에 5,500만 원의 소득을 포기할 사람은 없다. 세금이 무서워 소득을 늘리기 싫다는 접근 방식으로는 절대 부자가 될 수 없다.

결론부터 말하자면 배당 증가로 종합소득세 신고 대상자가 되는 것을 두려워할 필요가 없다. 생각보다 세금이 많지 않기 때문이다. 우선 근로소득은 사람마다 천차만별이기에 근로소득은 없다고 가정하고 순수하게 배당소득으로만 계산해보자. 또한 계산의 단순화를 위해 인적 및 기타 공제는 고려하지 않기로 한다.

우선 배당금이 연 2,000만 원 이하면 배당금을 받을 때 원천징수된 15.4% 배당소득세[1]를 분리과세하고 세금은 종결된다. 연 2,000만 원을 초과하면 다음 종합소득세 세율표에 따라 세금이 확정된다.

만약 연 배당금 8,400만 원을 받는다고 가정해보자. 과세표준에 따

---

[1] 15.4% 배당소득세는 14%의 국세와 1.4%의 지방세로 구성되어 있다.

2024년 종합소득세 세율		
과세표준	세율	구간별 세금
1,400만 원 이하	6%	84만 원
1,400만 원 초과 ~ 5,000만 원 이하	15%	540만 원
5,000만 원 초과 ~ 8,800만 원 이하	24%	912만 원
8,800만 원 초과 ~ 1.5억 원 이하	35%	2,170만 원
1.5억 원 초과 ~ 3억 원 이하	38%	5,700만 원
3억 원 초과 ~ 5억 원 이하	40%	8,000만 원
5억 원 초과 ~ 10억 원 이하	42%	2.1억 원
10억 원 초과	45%	4,500만 원 / 1억 원당

르면 5,000만 원 초과 ~ 8,800만 원 이하의 세율은 24%다. 하지만 8,400만 원 전액을 세율 24%로 적용하는 것은 아니다. 1,400만 원까지는 6%, 1,400만 원 초과 ~ 5,000만 원 이하 구간은 15%, 5,000만 원 초과 ~ 8,800만 원 이하 구간은 24%를 적용하여 구간별 합산한다.

주의할 점이 있는데 금융소득을 종합과세 계산할 때는 종합과세 기준 금액인 2,000만 원을 초과하는 금액에 대해서만 계산한다. 앞서 설명한 바와 같이 2,000만 원까지는 분리과세한(세율 14%) 것으로 간주하기 때문이다. 즉 2,000만 원을 초과한 6,400만 원에 대해 상기 종합소득세 과세표준 구간별로 계산해보면 84만 원, 540만 원, 336만 원이 된다. 즉 납부할 종합소득세는 모두 960만 원이다. 종합과세 기준 금액 2,000만 원에 해당하는 분리과세 세금 280만 원까지 합하면 총 세금은 1,240만 원이다.

그럼 1,240만 원의 세금을 추가 납부해야 할까? 그렇지 않다. 배당금을 받을 때 이미 납부한 14%의 국세는 차감해야 한다(1.4% 지방세는 차감하지 않는다). 원천징수로 이미 납부한 배당소득세는 8,400만 원 × 14% = 1,176만 원인데, 납부할 총 세금은 1,240만 원이므로 1,240만 원 − 1,176만 원 = 64만 원만 추가 납부하면 되는 것이다. 여기에 인적 및 기타 공제까지 반영하면 더 줄어 사실상 추가 납부할 세금은 거의 없는 것과 마찬가지다.

아래는 연 배당소득에 따라 추가 납부할 세금을 정리한 표다.

연 배당소득 (세전)	종합소득세 추가 납부	원천징수 (14%)	분리과세 금액	분리과세 세금 (14%)	종합과세 금액 (2,000만 원 초과 금액)	종합과세 세금
8,400만 원	64만 원	1,176만 원	2,000만 원	280만 원	6,400만 원	960만 원
9,000만 원	124만 원	1,260만 원			7,000만 원	1,104만 원
1억 원	224만 원	1,400만 원			8,000만 원	1,344만 원

연 배당 8,400만 원은 세후(배당소득세 15.4% 차감) 약 7,106만 원이다. 이를 12개월로 나누어 생활하면 월평균 소득 약 592만 원에 해당한다. 다른 소득이 없다면 원천징수 후 추가 납부할 세금은 사실상 거의 없다. '생각보다 괜찮네'라고 생각하는 분들이 많을 것 같다. 그러니 종합소득세를 두려워할 필요가 없다.

연 배당금이 1억 원으로 증가했다고 가정해보자. 마찬가지로 계산해보면 추가 납부할 세금은 224만 원이 된다. 배당금 규모에 비해 세금이 많다고 하기는 어렵지만 이 금액마저 절세할 방법이 있다. 바로 주식을 가족에게 증여하는 방법이다. 종합소득세는 개인별로 부과되기 때문에 주식을 가족에게 증여해 개인별 배당소득을 낮춘다면 총 세금을 줄일 수 있다. 물론 주식 증여 시 증여세가 발생하지만 아래 증여 공제 한도를 잘 이용하면 세금 없이 증여할 수 있다.

증여 대상자	공제한도 (10년마다 한도 새로 부여)
배우자	6억 원
성인 자녀	5,000만 원
미성년 자녀	2,000만 원

나는 절세 목적으로 2024년 3월에 배우자와 자녀들에게 주식을 증여했다. 올해 예상되는 국내외 총배당금은 약 2.2억 원(배당소득세 15.4% 세후)이었는데 주식을 증여함으로써 올해 내가 수령할 것으로 예상된 배당금은 약 1.9억 원으로 총 3,000만 원 낮아졌다. 종합소득세 세율표에 의하면 세율 38%에 해당하는 구간이므로 절세되는 금액은 다음과 같다. 참고로 과세 기준은 세전 금액이므로 세후 금액을 0.846으로 나눠야 한다.

종합소득세: 3,000만 원 / 0.846 × 38% = 1,348만 원이다. (배당을 받았더라면 냈을 종합소득세)

배당소득세: 3,000만 원 / 0.846 × 15.4% = 546만 원 (배당을 받았더라면 원천징수됐을 금액)

절세 금액: 1,348만 원 - 546만 원 = 802만 원 (배당을 받았더라면 추가 납부했을 금액)

납세 의무 중 일부는 가족들에게 넘어갔지만, 가족들은 다른 소득이 전혀 없고 배당금액이 적은 만큼 발생하는 세금은 거의 없다. 계산의 편의상 배우자에게만 주식을 증여했고 그 예상 배당금은 총 3,546만 원(세전)이라고 가정하자. 납부할 종합소득세는 다음과 같다.

연 배당소득 (세전)	종합소득세 추가 납부	원천징수 (14%)	분리과세 금액	분리과세 세금(14%)	종합과세 금액 (2,000만 원 초과 금액)	종합과세 세금
3,546만 원	-110만 원	496만 원	2,000만 원	280만 원	1,546만 원	106만 원

배우자는 280만 원 + 106만 원 = 386만 원의 세금을 납부해야 한다. 하지만 배당금을 받을 때 배당소득세 14%가 원천징수됐기에 이미 납부한 배당소득세는 차감해야 한다. 3,546 × 14% = 496만 원이다. 따라서 배우자가 납부할 최종 종합소득세는 386만 원 - 496만 원 = -110만 원. 놀랍게도 배우자는 세금을 더 내는 것이 아닌 110만 원을 환급받는다.

주식을 비과세로 배우자에게 증여함으로써 본인은 세금 802만 원을 절세했고 배우자는 110만 원의 세금을 환급받음으로써 총 912만 원의 경제적 이득이 생겼다. 그러면 주식을 구체적으로 가족에게 어떻게 증여할 수 있는지 다음 글에서 살펴보자.

주식을 가족에게 증여하는 방법
(국세청 신고)

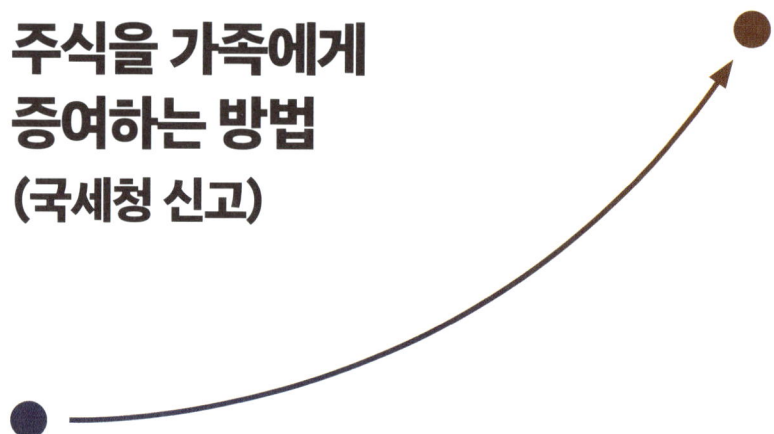

가족에게 주식을 증여하기 위해서는 당연히 당사자의 주식 계좌가 필요하다. 가족 간 주식 이체(타인 명의 대체)는 동일 증권사에서만 가능한 경우가 대부분이므로 같은 증권사 계좌를 미리 준비하자.

증권사마다 메뉴 화면이 다를 수 있으나 '계좌간 유가증권 대체' 혹은 그 비슷한 메뉴가 있을 것이다.

다음 순서를 따른다.

> 1. '타인 명의 대체'를 선택한다.

2. 주식을 가족에게 증여하는 것이므로 양도 여부는 'N'이다.

3. 증여하려는 종목을 선택한다.

4. 증여할 종목의 수량을 입력한다.

5. 증여받을 가족의 계좌번호를 입력한다.

6. 증여받을 가족의 이름을 확인한다.

계좌 간 주식 이체는 실시간으로 이뤄진다. 위 단계를 완료하면 주식은 해당 가족의 계좌로 즉시 옮겨진다. 주식 이체를 완료한 다음에는 국세청 홈택스 홈페이지로 가서 증여세 신고를 해야 한다. 국세청 홈택스 주소는 hometax.go.kr이다.

참고로 증여세 신고 기한은 증여일이 속한 달의 마지막 날로부터 3개월 이내다. 즉 5월 15일 증여했다면 5월 31일로부터 3개월 이내, 즉 8월 31일까지 신고를 완료해야 한다. 또한 증여한 주식의 금액(주식 증여가액)은 증여일 전후 2개월(총 4개월) 평균가이므로 증여 2개월 후에 증여세 신고를 완료할 수 있다. 즉 5월 15일 주식을 증여했더라

| 그림 1_ 증권사 주식 이체 메뉴 화면 |

대체구분	동일 명의 대체	● 타인 명의 대체	양도여부	Y	N
종목코드	A086790	하나금융지주	대체수량		5,000
입고계좌번호(위탁)					
입고계좌명		계좌확인			

신청

도 주식 증여 가액은 7월 15일에 확정되므로 7월 15일 이후에야 국세청 홈페이지에서 증여세 신고를 완료할 수 있다.

주식 증여세 신고 시 증빙서류를 제출해야 하므로 증여한 사람과 증여받은 사람의 관계를 증빙할 수 있는 가족관계증명서와 주식 이체 내역이 있는 증권사 거래내역서를 미리 준비하자.

배우자에게 하나금융지주 5,000주를 증여한다는 가정하에 증여세 신고를 하는 방법을 알아보자. 우선 주식을 증여받은 자 또는 수증자 명의로 신고해야 하므로 배우자 명의로 홈택스 회원가입이 되어 있지 않다면 회원가입부터 한다. 이후 다음 순서대로 신고한다.

1. 신고/납부 메뉴에 있는 증여세 → 일반증여신고를 선택한다.

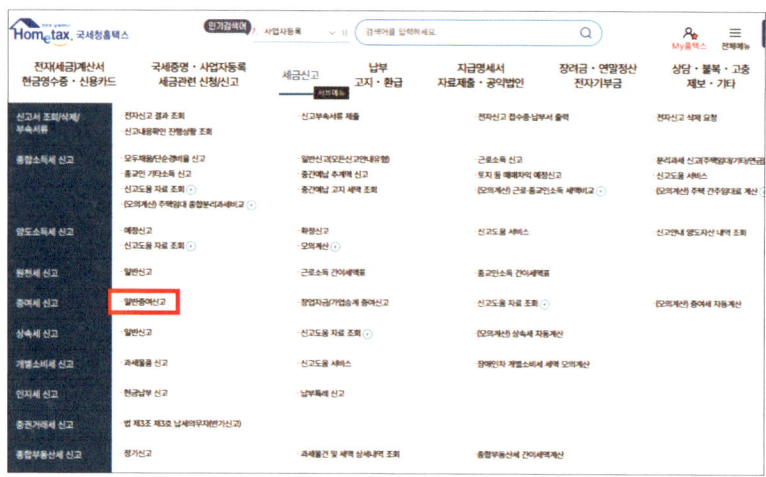

2. 증여 후 3개월 안에 신고한다면 '정기신고'를 선택한다.

3. 화면에 보이는 증여세 신고 양식에 맞추어 내용을 작성한다.

4. 조심해야 할 사항 중 하나는 '증여자와의 관계'다. 아내가 남편에게서 주식을 증여받았다면 '처'를 선택해야 한다.

5. 필요한 정보를 입력한 후 아래에 보이는 '저장 후 다음 이동'을 누른다.

6. 증시에 상장된 주식을 증여한 것이므로 아래 내용대로 선택한다.

증여재산의 구분: 증여재산-일반

증여재산의 종류: 유가증권(상장)

평가방법: 기준시가 등 보충적평가법

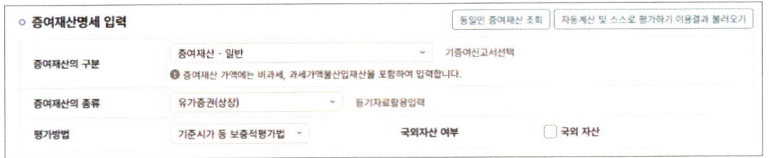

7. '기준시가조회'를 누르면 팝업창이 뜨는데 증여한 종목의 사업자번호를 입력한 후 '검색'을 누르면 조회기간의 평균가액이 자동으로 계산되어 조회된다. 평균가액을 확인한 후 '확인'을 누른다.

(종목 사업자번호는 증권사 앱이나 네이버 같은 검색엔진에서 쉽게 검색할 수 있다.)

8. 원래 메뉴로 돌아와 증여한 주식 수량을 입력하면 평가가액이 자동으로 계산된다.

9. '등록하기'를 누르면 증여재산명세 목록에 증여한 주식이 기입된 것을 확인할 수 있다.

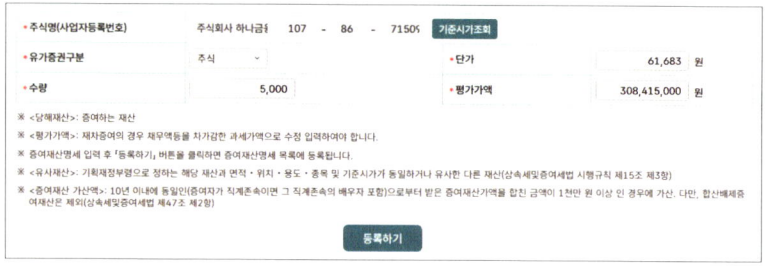

10. '저장 후 다음 이동'을 누른다.

11. 세액계산 입력 화면이 뜨는데 '증여재산 공제 (25) 배우자'에

증여한 금액, 즉 (24)의 증여세과세가액을 입력한다.

(24) 증여세과세가액(17-18-19-20-21-22+23)		308,415,000	원
증여재산공제	(25) 배우자 ⓘ	308,415,000	원
	(26),(27) 직계존비속 ⓘ	0	원
	(28) 그 밖의 친족 ⓘ	0	원
	(29) 혼인 ⓘ	0	원
	(30) 출산 ⓘ	0	원

증여세를 공제받기 위해서는 증여세과세가액이 아래 공제 한도보다 적어야 한다.

증여 대상자	공제한도 (10년마다 한도 새로 부여)
배우자	6억 원
성인 자녀	5,000만 원
미성년 자녀	2,000만 원

12. 화면 아래에 납부할 세금이 없는 것을 확인한 후 '저장 후 다음 이동'을 누른다.

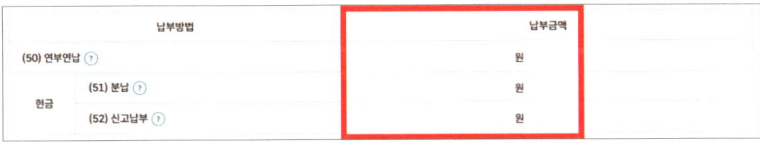

13. '제출하기'를 누르면 주식 증여세 신고는 완료된다.
14. 증여자와 증여받은 자의 가족관계 그리고 주식 이체 내역을 증

빙하기 위해 서류를 제출해야 한다. 홈택스 홈페이지 → 신고/납부 → 증여세 → 신고부속서류제출 메뉴에 가서 A.가족관계증명서와 B.증권사 주식 거래 내역서를 첨부하면 모든 절차가 완료된다.

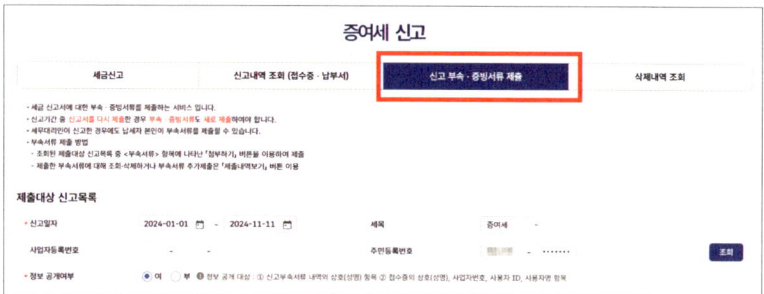

다음 글에서는 해외주식 배당금을 받을 때 빠뜨리는 경우가 많은 외국 납부 세액 공제에 대해 알아보자.

외국 납부 세액 공제를 잊지 말자

앞서 설명했듯이, 세전 기준 연 2,000만 원을 초과하는 배당금을 받았다면 다음 해 5월 말일까지 종합소득세를 신고해야 한다. 국세청 홈페이지에서 종합소득세 신고 시, 국내 주식 배당금에서 원천징수된 배당소득세는 자동으로 반영된다. 하지만 해외주식 배당금에서 원천징수된 배당소득세는 자동으로 반영이 안 되며 수동으로 따로 입력해야 한다.

해외주식 배당금에서 원천징수된 세금 액수가 자동으로 반영되지 않는 이유는 세금이 해외에 납부된 것이기 때문이다. 따라서 해외주식 배당금을 받은 적이 있다면, 각 증권사에서 '외국 납부 세액 공제 금액' 내역을 받은 후 종합소득세 신고 시 수동으로 금액을 반영하고 증빙서류를 제출해야 한다.

'외국 납부 세액 공제금액'이 기재된 서류의 명칭은 증권사마다 다르다. '해외배당입금내역서'라고 부르는 곳도 있고 '해외주식 권리 현지 원천징수 내역서'라고 부르는 곳도 있다. 서류 명칭은 다르지만, 꼭 기재돼야 할 항목은 '외국 납부 세액 원화' 또는 '해외 세액 원화 환산 금액'이다. 증권사마다 서식이 다른데 외국 납부 세액 합산 금액이 나오는 곳도 있고 나오지 않는 곳도 있다. 합산된 금액이 없다면, 배당금 건별로 명시된 외국 납부 세액 원화를 모두 일일이 합산해야 한다. 외국 납부 세액 합산 금액을 확인한 후 국세청 홈택스에서 종합소득세 신고 시 수동으로 입력해주면 된다.

종합소득세 신고 시 7번 '세액공제 감면 준비금' 메뉴에서 '외국납부 세액공제' 항목에 미리 확인한 외국 납부 세액 합산 금액을 입력하면 된다.

만약 지난 종합소득세 신고 시 잊고 하지 않았다면 이를 환급받을 방법이 있다. 누락된 공제액은 5년 이내에 국세청 홈택스에서 경정청구를 할 수 있다. 경정청구란 세금 신고를 잘못해서 과다 납부를 했으니 잘못 납부한 세금을 돌려달라고 신청하는 것이다.

아쉽게도 배당소득에 연계된 세금은 종합소득세만 있는 게 아니다. 준조세 성격의 건강보험료도 연계되어 있어 배당금이 증가하면 매월 납부할 건강보험료도 증가한다. 어떻게 줄일 수 있는지에 대해서는 다음 글에서 살펴보자.

| 그림 2_ 해외배당입금내역서 |

해외배당입금내역서

키움증권

원천징수 의무자 (이자, 배당지급자)	상호(법인)명	키움증권(주)	대표자	엄주성
	주소	서울시 영등포구 여의나루로4길 18		
	전화번호	02-3787-5070 / 1544-9000		
소득자	성명		주민등록번호	
	주소			

지급일자	계좌번호	징수구분	종목코드	국외원천 소득액	국내 소득세	국내 법인세	국내 주민세	해외세율
			종목명	거래통화	외국납부 세액외화	외국납부 세액원화	적용환율	거래국가
20230102		O	PBRa	496.81	88,140	0	8,810	0
			페트로브라스 우선주(ADR)	USD	0	0	1,267.3	미국
20230102		O	PBRa	222.92	0	0	0	15
			페트로브라스 우선주(ADR)	USD	33.44	42,378	1,267.3	미국
20230201		O	PBRa	728.8	118,640	0	11,860	0.767
			페트로브라스 우선주(ADR)	USD	5.59	6,876	1,230.2	미국
20230315		O	SBLK	100.8	18,410	0	1,840	0
			스타 벌크 캐리어스	USD	0	0	1,304.9	미국
20230414		O	ZIM	19.2	0	0	0	25
			ZIM 인티그레이티드 시핑…	USD	4.8	6,326	1,318	미국
20230508		O	STLA	240.02	0	0	0	15
			스텔란티스	USD	36	47,721	1,325.6	미국
20230530		O	PBRa	755.17	140,140	0	14,010	0
			페트로브라스 우선주(ADR)	USD	0	0	1,325.6	미국
20230601		O	PBRa	37.32	0	0	0	15
			페트로브라스 우선주(ADR)	USD	5.6	7,400	1,321.6	미국
20230627		O	PBRa	526.47	90,190	0	9,010	0.844
			페트로브라스 우선주(ADR)	USD	4.44	5,781	1,302.2	미국

1/3

| 그림 3_ 외국납부 세액공제 |

배당소득과 건강보험료

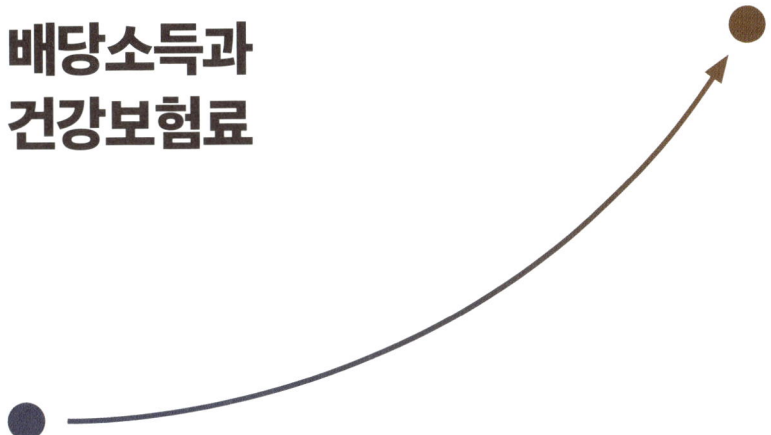

근로소득자라면 자동으로 건강보험 직장가입자가 된다. 고용주는 다른 4대 보험과 함께 건강보험료를 원천징수해서 국민건강보험공단에 납부한다. 직장가입자에게 근로소득 외 연간 2,000만 원을 초과하는 소득이 있다면 그에 대해 건강보험료가 추가 부과된다. 예를 들어, 배당소득이 연간 3,000만 원이라면 초과 1,000만 원에 대해 추가 건강보험료가 부과된다. 2024년 기준 7.09%의 건강보험료와 건강보험료의 12.81%의 장기요양보험료를 합산하면 약 8%를 추가 납부해야 한다. 초과 금액이 1,000만 원이라면 매월 6.67만 원 정도의 추가 건강보험료를 납부해야 한다.

지역가입자라면 추가 건강보험료가 부과되는 금융소득 기준이 연간 1,000만 원으로 낮아진다. 또한 직장가입자와 달리 연간 금융소득이 1,000만 원을 초과하면 금융소득 전액이 건강보험료 부과 대상이 된다. 따라서 연간 배당소득이 1,001만 원이라면 매월 6.67만 원 정도의 추가 건강보험료를 납부해야 한다. 달리 말하면, 연간 3,000만 원의 배당금을 받는 직장가입자와 연간 1,001만 원의 배당금을 받는 지역가입자가 매월 납부할 추가 건강보험료는 같다.

직장가입자든 지역가입자든 배당소득이 기준 금액보다 늘어나면 약 8%의 추가 건강보험료가 발생하는 건 어쩔 수 없는 일일까? 국내에 거주한다면 추가 국민건강보험료를 안 낼 방법은 없다. 하지만 나중에 배당소득이 충분히 커져 은퇴를 고려해야 할 때가 온다면 해외에 거주하는 것도 한 가지 방법이 될 수 있다. 3개월 이상 해외에 거주하면 국민건강보험 자격이 정지되는 동시에 국민건강보험료 납부 의무도 정지되기 때문이다. 국내에 있지 않아 국민건강보험 혜택을 전혀 받을 수 없으니 어찌 보면 당연하다.

은퇴 생활을 해외에서 보낸다는 것은 국내에서 누릴 수 있는 많은 것을 포기하는 것과 같다. 문화생활, 음식, 지인들과의 관계 등 많은 것을 포기해야 한다. 하지만 나중에 경제적 자유를 이뤘다는 생각이 들 만큼 배당소득이 충분히 커진다면, 8%는 절대 작은 금액이 아니다. 배당소득 연간 1억 원이라면 매월 67만 원의 추가 건강보험료를 내야 하고, 2억 원이라면 매월 133만 원의 추가 건강보험료를 내야 한다. 지역가입자는 소득뿐만 아니라 부동산을 포함한 재산에도 건강보험료를 부과하기 때문에 이를 감안하면 해외 거주로 아낄 수 있는

비용은 더 커진다.[2]

　우리나라는 현재 전 세계 어떤 나라보다 빠른 속도로 고령화사회로 진입하고 있다. 아쉽게도 현재의 낡은 체계로는 국민건강보험이 지속 가능하지 않다. 의료 처치가 꼭 필요한 경우는 제외하고 감기 같은 가벼운 증상은 보장 범위를 축소하거나 제외해서 국민건강보험 재정을 획기적으로 개선하지 않는 한 시간이 지날수록 재정은 더 빠르게 악화될 것으로 보인다. 결국 건강보험료율은 점진적 상승을 이어갈 것인데, 현재 요율 약 8%에서 빠른 속도로 상승할 것으로 예상한다.

　현재도 일부 환자의 과다한 의료서비스 이용이 문제가 되고 있다. 이를 방지하기 위해 병원 외래진료 연간 365회 초과 시 본인부담률을 현재 평균 20%에서 90%로 높일 것이라고 하는데 이도 너무 느슨한 기준이다. 기준을 강화한 것이 1년 365일 매일 병원 방문이라니 지금까지 얼마나 방만하게 운영했는지 알 수 있다.

　건강보험료를 안 내는 방법으로 해외 거주를 언급하는 현실이 매우 안타깝다. 하지만 설명했듯이 현재 국민건강보험 체계는 지속 가능하지 않다. 그렇다면 차라리 심각한 재정 악화가 더 빨리 도래해서 개선책 마련의 필요성을 조속히 인식하는 편이 낫다고 생각한다.

2　2024년 기준 지역가입자 국민건강보험료 상한선은 월 4,240,710원이다.

ISA를
꼭 만들자

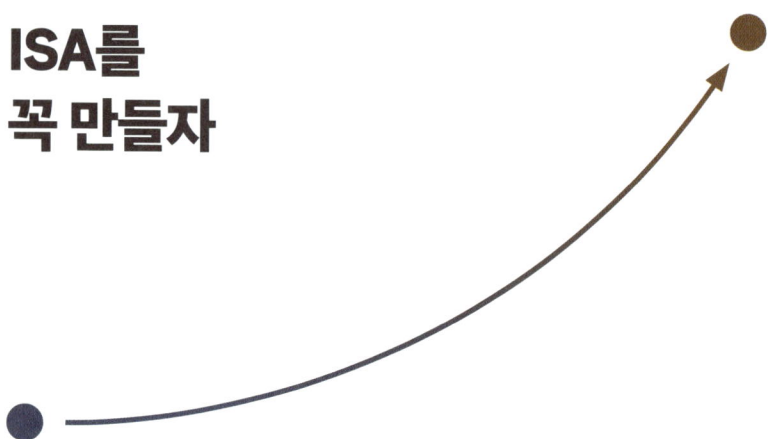

　ISA Individual Savings Account는 '개인종합자산관리계좌'를 의미하며 여러 세제 혜택이 있으므로 꼭 가입하기를 추천한다. 전 금융기관을 합쳐 1인 1계좌만 개설 가능하고 3년 이내 금융소득 종합과세 대상자였다면 ISA 종류와 상관없이 가입이 불가하다. 따라서 금융소득 종합과세 대상자가 곧 될 것으로 예상된다면 미리 꼭 가입하자. ISA 개설 이후에 금융소득 종합과세 대상자가 되더라도 세제 혜택은 계속 유지될 수 있기 때문이다.

　ISA를 통해 국내 주식, 펀드, ETF, 예금 투자가 가능하나 해외 주식은 직접 투자가 불가하다. 대신 국내 증시에 상장된 해외 ETF는 투자 가능하다. ISA는 소득 기준에 따라 일반형, 서민형, 농어민형 3가지로

유형	일반형	서민형	농어민형
가입 대상	금융소득종합과세 대상자가 아닐 것	직전 연도 총급여 5,000만 원 이하 근로자 또는 종합소득 3,800만 원 이하 사업자	직전 연도 종합소득 3,800만 원 이하 농어민 거주자
가입 기간	의무 가입 기간 3년 이후 자율적으로 유지 가능		
납입 한도	연간 2,000만 원 (최대 1억 원)		
비과세 한도	200만 원	400만 원	
비과세 한도 초과분	9.9% 원천징수 분리과세 가능		
중도인출	총납입 원금 내에서 횟수 제한 없이 중도인출 가능하나 인출 금액만큼 한도 복구는 안 됨. 중도인출한 금액은 15.4%의 세금 부과.		

구분한다.

ISA는 운용 방식에 따라 중개형, 신탁형, 일임형 3가지로 나눌 수 있는데 이 중 국내 주식에 직접 투자가 가능한 중개형 ISA를 추천한다.

ISA의 가장 큰 장점은 제한 없는 과세이연이다. 국내 배당금은 입금 시 배당소득세 15.4%가 원천징수된다. 하지만 ISA의 경우 과세이연이 되기 때문에 배당금 입금 시 15.4%의 세금을 원천징수하지 않고 나중에 ISA를 해지할 때 지연된 세금이 부과된다. 즉 ISA 유지 기간 동안 빠져나갔어야 할 배당소득세를 활용해 더 투자할 수 있으므로 복리 효과가 생긴다.

국내 주식형 ETF는 매매차익에 대한 별도 세금이 없다. 하지만 국내에 상장된 해외 ETF의 경우 매매차익에 15.4%의 세율이 부과되는

유형	중개형	신탁형	일임형
투자 가능 상품	국내 주식, ETF, 펀드, 채권 등	ETF, 펀드, 예금 등	ETF, 펀드 등 운용 가능한 상품
투자 방법	직접 투자 방식	고객이 상품을 선택해서 운용 지시	투자전문가에게 일임
비고	주식 및 채권 투자 가능	예금 상품 투자 가능	운용사가 직접 운용

데, 배당소득세의 경우와 마찬가지로 세금이 즉시 부과되는 것이 아니고 ISA가 해지될 때까지 과세이연된다. 즉 ISA를 오래 유지할수록 과세이연에 대한 복리 효과가 계속 증가한다.

ISA 의무 기간 3년이 지난 후 ISA를 해지하면 그동안 누적된 세금을 한 번에 납부해야 한다. 납부할 세금은 우선 비과세 한도만큼 공제하고 초과 금액에 대해서는 9.9% 세율로 분리과세한다. 초과 금액에 대해 제한 없이 9.9% 세율로 분리과세한다는 것이 사실 굉장한 혜택이다. 금융소득이 큰 종합소득 과세 대상자라면 더욱 그렇다.

ISA 납입 한도는 연간 2,000만 원이다. 문제가 하나 있는데 계좌로 입금되는 배당금 또한 한도에서 차감한다는 것이다(증권사마다 다를 수 있음). 예를 들어 연초에 배당금 100만 원이 입금되었다면 이후 해당 연도에 실제 입금할 수 있는 추가 금액은 1,900만 원이다. 그런데 여기에 팁이 하나 있다. 만약 연초에 2,000만 원을 입금해서 납입 한도를 모두 소진한다면 어떻게 될까?

이후 입금되는 배당금은 납입 한도와 상관없이 입금된다. 따라서 가능하다면 연초에 바로 2,000만 원을 채우면 유리하다.

ISA는 저평가 우량주 장기투자자라면 꼭 가입해야 할 상품이다. ISA는 최대 1억 원까지만 입금 가능하다고 하지만 반은 맞고 반은 틀린 말이다. 5년 동안 최대 1억 원 납입 한도를 모두 소진했더라도 배당금은 이후에도 계속 입금될 수 있기 때문이다. ISA를 개설한 후 평생 유지한다고 생각해보자. 저평가 우량주에서 발생하는 배당금으로 평생 비과세로 복리 효과를 누릴 수 있다. ISA의 세제 혜택 효과가 너무 크기 때문에 언젠가는 사라질 것으로 보인다. 따라서 ISA를 개설했다면 해지하지 말고 평생 유지하기를 추천한다.

감사의 글

장기투자를 시작하면서 장기투자가 얼마나 어려운 것인지 직접 체험할 수 있었습니다. 처음에는 주식을 사놓고 기다리기만 하면 되는 줄 알았지만, 실제로 해보니 시장의 끊임없는 소음과 주가 변동으로 인한 스트레스와 불안감을 계속 견뎌내야 했습니다. 하지만 인간은 적응의 동물이라서 그럴까요? 시간이 흐르면서 스트레스와 불안감은 서서히 자신감과 안정감으로 대체되었습니다.

비록 주가는 부진한 흐름을 보일 때도 있었지만, 기업의 안정적인 수익 창출은 개선된 주주환원으로 이어졌습니다. 시간이 흐르면서 복리 효과로 자산의 성장 속도가 가속화되는 것을 직접 체험하면서, 왜 그동안 투자의 대가들이 장기투자를 강조해왔는지 깨달을 수 있었습니다. 그래서 저는 이 책을 읽고 계신 독자분들께 장기투자를 적극 추천하고 싶습니다. 직접 체험해야만 장기투자의 중요성을 온전히 이해할 수 있기 때문입니다.

우리나라에 장기투자자가 늘어난다면 국내 증시의 건전성과 안정성을 높이는 데도 중요한 역할을 할 것입니다. 투기 성향이 지배하는 시장은 그 변동 폭이 과도하고 불확실성이 초래되지만, 장기투자자가 늘면 시장의 안정성이 높아지고 기업은 가치와 성장성에 기반한 정당한 평가를 받을 수 있기 때문입니다.

이 책은 우리나라에도 성숙한 장기투자 문화가 확산하기를 바라는 마음에서 썼습니다. 다른 금융 선진국들처럼, 우리나라에도 건전한 장기투자자가 많아져 '코리아 디스카운트'가 사라지고 궁극적으로 기업과 투자자 모두 윈윈할 수 있는 시장 환경이 조성되기를 기원합니다. 성숙한 장기투자 문화가 뿌리내린다면 우리나라 증시도 글로벌 경쟁력과 신뢰를 갖춘 시장으로 한 단계 도약할 수 있습니다.

마지막으로 이 책이 나올 수 있도록 기회를 마련해주신 길벗 출판사 관계자분들과 이치영 에디터님 그리고 언제나 아낌없이 저를 지원해준 아내 한경란에게 깊은 감사의 말씀을 전합니다.

[주]

1. https://www.hankyung.com/article/2011070510301
2. https://www.bbc.com/korean/international-56344646
3. https://blogs.worldbank.org/en/developmenttalk/what-triggered-oil-price-plunge-2014-2016-and-why-it-failed-deliver-economic-impetus-eight-charts
4. https://www.hankyung.com/article/2020100754491
5. https://www.hani.co.kr/arti/society/rights/1120984.html
6. https://www.joongang.co.kr/article/25244633#home
7. https://view.asiae.co.kr/news/view.htm?idxno=2024082419300116415
8. https://en.wikipedia.org/wiki/Jesse_Livermore
9. 《주식 매매하는 법》, 제시 리버모어, 이레미디어, 2023.
10. https://www.chosun.com/site/data/html_dir/2007/06/27/2007062700308.html
11. https://ko.wikipedia.org/wiki/코테가와_타카시
12. https://www.businessinsider.com/how-warren-buffett-spends-money-net-worth
13. https://www.cnbc.com/2024/05/03/most-of-warren-buffetts-wealth-came-after-age-65-heres-why.html
14. https://www.statista.com/statistics/1120680/annual-salaries-nba-wnba/
15. https://cyndeowp.com/the-five-main-reasons-professional-athletes-go-broke/
16. https://en.wikipedia.org/wiki/Long-Term_Capital_Management
17. https://finance.yahoo.com/news/warren-buffett-shares-earn-whopping-102900347.html

18. https://www.marketwatch.com/livecoverage/berkshire-hathaway-meeting-warren-buffett-takes-questions-from-investors/card/buffett-on-how-to-invest-his-wife-s-inheritance-after-he-dies-and-it-s-not-berkshire-hathaway-HKljcTSByrBi16VB6ElW
19. https://news.nate.com/view/20240923n34980
20. https://www.hankyung.com/article/2023050154711
21. https://www.volker-quaschning.de/datserv/CO2-spez/index_e.php
22. https://carboncredits.com/tesla-hits-record-high-sales-from-carbon-credits-at-1-79b/
23. https://www.iea.org/reports/global-ev-outlook-2024/trends-in-electric-cars
24. https://www.businesspost.co.kr/BP?command=article_view&num=352702
25. https://www.reuters.com/article/business/exxon-mobil-to-keep-dividend-flat-for-first-time-since-1982-idUSKBN27D3AZ/
26. https://www.bloomberg.com/news/articles/2022-06-10/-exxon-made-more-money-than-god-biden-scorns-rising-gas-prices
27. https://www.kedglobal.com/automobiles/newsView/ked202401210003
28. https://www.ezyeconomy.com/news/articleView.html?idxno=203709
29. https://biz.chosun.com/site/data/html_dir/2020/08/11/2020081101247.html
30. https://www.ekoreanews.co.kr/news/articleView.html?idxno=50732
31. https://www.digitaltoday.co.kr/news/articleView.html?idxno=531421

가속화 장기투자 법칙

초판 1쇄 발행 · 2025년 3월 25일
초판 5쇄 발행 · 2025년 10월 15일

지은이 · 임인홍
발행인 · 이종원
발행처 · (주)도서출판 길벗
출판사 등록일 · 1990년 12월 24일
주소 · 서울시 마포구 월드컵로 10길 56(서교동)
대표 전화 · 02)332-0931 | **팩스** · 02)323-0586
홈페이지 · www.gilbut.co.kr | **이메일** · gilbut@gilbut.co.kr

담당 · 유나경(ynk@gilbut.co.kr)
제작 · 이준호, 손일순, 이진혁 | **마케팅** · 정경원, 김진영, 류효정
유통혁신 · 한준희 | **영업관리** · 김명자, 심선숙, 정경화 | **독자지원** · 윤정아

편집진행 · 김민기 | **디자인** · 김윤남
CTP 출력 및 인쇄 · 정민문화사 | **제본** · 정민문화사

▶ 이 책은 저작권법의 보호를 받는 저작물로 이 책에 실린 모든 내용, 디자인, 이미지, 편집 구성은 허락 없이 복제하거나
   다른 매체에 옮겨 실을 수 없습니다.
▶ 인공지능(AI) 기술 또는 시스템을 훈련하기 위해 이 책의 전체 내용은 물론 일부 문장도 사용하는 것을 금지합니다.
▶ 잘못 만든 책은 구입한 서점에서 바꿔 드립니다.

ⓒ 임인홍, 2025

ISBN 979-11-407-1266-3 03320
(길벗 도서번호 070542)

정가 22,000원

독자의 1초를 아껴주는 정성 길벗출판사

(주)도서출판 길벗 | IT단행본&교재, 성인어학, 교과서, 수험서, 경제경영, 교양, 자녀교육, 취미실용 www.gilbut.co.kr
길벗스쿨 | 국어학습, 수학학습, 주니어어학, 어린이단행본, 학습단행본 www.gilbutschool.co.kr